Harald Havas wurde 1964 in Wien geboren, sieht sich aber eher als Kind der Siebzigerjahre. Denn, Hand aufs Herz, mit vier Jahren hat er von den großen Revolutionen der 68er-Bewegung noch nicht allzu viel mitbekommen. Jedoch durchaus deren Früchte in den Siebzigern und Achtzigern geerntet. Rund um ihn wurde die Welt bunter, größer und medial vielfältiger. Das hat ihn geprägt – von Pixi-Büchern, Comics, ersten Videospielen und Spielcomputern, Science-Fiction- und anderen Filmen und Videorekordern bis hin zu „Panoptikum", „Reader's Digest und „Das Guiness Buch der Rekorde". Aus all dem hat er später für seine Berufe geschöpft und schöpft weiter: Journalist mit Schwerpunkt auf Filmen, Comics und Videospielen, Drehbuchautor, Spieleerfinder, Comictexter (unter anderem der erfolgreichen österreichischen Superheldencomics „ASH – Austrian Superheroes") sowie Autor einer Vielzahl humoristischer Sachbücher wie zuletzt „Das kunterbunte Weihnachtsbuch" (2020), „Kurioses Österreich – Orte" (2021), „Das kunterbunte Liebesbuch" (2021), „Kurioses Österreich – Musik" (2021). Auch seiner Heimatstadt Wien ist er thematisch treu geblieben, erst kürzlich mit dem Elsengold-Buch „Die schönsten Wiener Grätzel" (2022) und diesem hier, das gewissermaßen alles bisher Erwähnte in einer einzigen augenzwinkernden Rückschau vereint.
about.me/haraldhavas

HARALD HAVAS

Kottan, Kreisky und kein Kabelfernsehen

Wiener Alltag um 1980

ELSENGOLD

LÖWA
immer in Aktion
Frischfleisch ist unsere Stärke - quer durch's Sortiment!
LÖWA·Wertkauf·LÖWA·Wertkauf·LÖWA
INH

CASIO
F-91W
LIGHT
ALARM CHRONOGRAPH
24H SA 23
16:08 53
MODE
ALARM ON·OFF/24HR
WATER
WR
RESIST
NSYLVA

Als ich 1983 mit 18 Jahren nach Wien kam, war mein Eindruck, dass ich als junger Mensch Teil einer Minderheit war. Das Leben war zugeschnitten auf Senioren und endete abends um 18 Uhr und samstags um 12 Uhr, wenn die Geschäfte geschlossen und die Gehsteige hochgeklappt wurden. Und im Hochsommer gehörte die Stadt sowieso den Touristen. Dinge wie Donauinselfest, Tanz- oder Filmfestivals steckten in den Kinderschuhen oder waren noch gar nicht geboren.

Stadtbahn, Graufilm, Kalter Krieg

Wien um 1980 – ein Lebensgefühl

Die Jahre zwischen 1975 und 1985 stellten in Wien eine Zeitenwende dar, die sich folgendermaßen kurz zusammenfassen lässt: Vor 1980 war Wien größtenteils grau, nach 1980 zunehmend bunt.

Damit könnte man dieses Buch auch schon wieder schließen, denn eigentlich ist damit fast alles gesagt. Allerdings wäre das schade, denn gerade die Rückerinnerung an die „gute alte Zeit“ der ausklingenden Wirtschaftswunderjahre und dem zweifelhaften Aufbruchsgeist des Neoliberalismus, zwischen Kreisky in der Regierung, dem T-Wagen und VW - Golf auf der Straße, Ilse Buck im Radio, „Joki“ Kirschner im Fernsehen und den Faserschmeichlern in der Werbung ist es durchaus wert, eines ausgiebigen nostalgisch-ironischen Blicks gewürdigt zu werden. Das wollen wir im Folgenden tun.

Freilich war diese Zeitenwende nicht nur auf Wien beschränkt, sie galt im Wesentlichen für ganz Österreich und natürlich auch darüber hinaus. Allerdings teilweise zeitversetzt. Im nordwestlichen Europa wie in Amsterdam, Paris und vor allem der Pop-Metropole London setzte die Veränderung schon etwas früher ein, im europäischen Osten erst nach dem Fall des Eisernen Vorhangs Ende der Achtzigerjahre. Dann dafür umso heftiger.

Das mit dem Grau und mit dem Bunt lässt sich auf vielen Ebenen stützen und damit die These des Wandels selbst. Man traf die Veränderung überall an – von den Gebäuden der Stadt über die Fotos in den Zeitungen bis zum alles dominierenden Hauptmedium der Zeit, dem Fernsehen.

Diese Zeitenwende lässt sich auch anders formulieren. Würde man jemanden irgendwann in den Dreißigerjahren von der Straße pflücken und per Zeitmaschine in die frühen 1970er beamen, würde der sicher ein wenig staunen, sich aber weitestgehend zurechtfinden. Er würde sich wohl über die vielen Autos wundern, aber den öffentlichen Verkehr – Straßenbahnen, Busse, vielleicht etwas anders designt, aber in vielen Fällen mit den exakt gleichen Nummern – würde er im Wesentlichen wiedererkennen. Um zu telefonieren, würde er problemlos die nächste Telefonzelle aufsuchen. Hätte er Hunger, würde er in die nächste Bäckerei gehen oder zum Fleischhauer, um sich eine Wurstsemmel zu kaufen.

Um das Gedankenexperiment fortzusetzen: Würde man jemanden aus den späten Achtzigerjahren oder frühen Neunzigerjahren von der Straße picken und ihn heute absetzen, hätte der ebenfalls keine allzu großen Probleme. Er würde den Eingang zur nächsten U-Bahn finden und sich vielleicht über die vielen Leute mit den kleinen Geräten am Ohr oder in der Hand wundern, könnte sie sich aber durchaus erklären. Denn in den Achtzigerjahren gab es schon eine ganze Reihe von Kleinelektronik, die von den Leuten auf der Straße benutzt wurde. Für den Hunger würde er den nächsten Supermarkt aufsuchen.

Würde man jedoch jemanden aus den frühen Siebzigerjahren entführen und ihn heute absetzen, wäre der erst einmal rettungslos verloren, und zwar fast im gleichen Maße wie jemand aus den Dreißigerjahren. Es ist zwar fast schon eine Binsenweisheit, wie rasant sich unsere Welt seit der Industrialisierung im 19. Jahrhundert weiterentwickelt hat, aber die letzten Jahrzehnte – Stichwort Computer und Digitalisierung – haben alles noch einmal extremst beschleunigt. Dazu im Detail in den folgenden Kapiteln.

Die Mode war schon vielfarbig, aber der Stephansdom war schwarz-grau: Straßenszene am Stephansplatz, 1980

Bleiben wir aber zuerst einmal in der Stadt und dem öffentlichen Leben. Wien war in den Siebzigerjahren tatsächlich grau. Nämlich wortwörtlich. Die meisten prunkvollen Sandsteingebäude wie der Stephansdom, die Oper, das Burgtheater, das Rathaus, die Votivkirche und viele andere mehr erstrahlten im schönsten Schwarz, an den Rändern der Steine manchmal ins Schmutziggraue changierend. Wer in den Siebzigern aufgewachsen ist, kennt das nicht anders. Bis heute sind Menschen 50+ immer wieder irritiert, wenn der Stephansdom oder das Rathaus gerade einmal wieder nach monatelanger Verhüllung geputzt in hellem Hellbeige bis fast schon Weiß erstrahlen. Schön, ja, aber im tiefsten Inneren stört einen etwas daran. Die Stephanskirche hat gefälligst schwarz zu sein!

Diese monochrome Anmutung bezog sich allerdings nicht nur auf die vom zunehmenden Autoverkehr geschwärzten Fassaden der Gebäude. Auch die Farben

Als die Autos bunt waren: Lagerplatz einer Citroën-Werkstatt mit alten Fahrzeugen des Modells 2CV

der Autos waren hauptsächlich schwarz oder weiß, unterbrochen gelegentlich von einem schüchternen hellblau oder hellgrün. Die Zeitungen vor den Auslagen der Trafiken und in der Hand der Kolporteure zierten schwarz-weiße Titelbilder. Sogar so manche Illustrierte war nicht nur im Inneren, sondern sogar noch am Cover schwarz-weiß. Bunt war wenig. Natürlich gab es die eine oder andere Leuchtreklame, das eine oder andere farbige Geschäftsschild, Werbungen auf Litfaßsäulen, aber insgesamt nicht viel.

All das änderte sich im Laufe der Siebzigerjahre und verstärkt noch nach 1980. Nicht umsonst nannte sich eine bekannte Punkband Anfang der Achtzigerjahre in Wien „Viele bunte Autos", und Nina Hagen sang 1978 in „Ich glotz TV" die Zeile: „Ich kann mich gar nicht entscheiden. Ist alles so schön bunt hier!"

Tatsächlich wich der weiße VW-Käfer dem VW-Golf in allen erdenklichen Farben. Auch die guten alten Enten, Citroën 2CV, gab es auf einmal in polychrom. Was unter Jugendlichen zu einem teilweise schmerzhaften Spiel führte: Wenn man irgendwo eine grüne Ente sah, musste man seinen Begleiter, seine Begleiterin in den Oberarm zwicken, bei einer weißen Ente einen (hoffentlich) sanften Faustschlag an dieselbe Stelle – und sah man eine rote Ente, galt es, die begleitende Person zu küssen. Wenn man sich das nicht traute, galt auch ein Kuss auf die Hand oder ein zugeworfenes Küsschen. Das war das ganze Spiel. Angeblich brachte es Glück. Auch dem Empfänger der Aktion, zumindest wurde das versichert, um sich vor etwaigem Zurückschlagen oder Zurückzwicken zu schützen.

Apropos Autos: Die waren damals nicht nur deutlich bunter, sondern auch extrem vielgestaltig je nach Hersteller und Modell, viel kleiner und wiesen nur rudimentäre Elektrik auf. Im Gegensatz zu den gleichförmigen hohen, breiten und langen Monstern und fahrbaren Computern, in die sich ehemalige Mittelklassewagen inzwischen verwandelt haben. Und wer damals den Führerschein machte, kam neben einer Bergfahrt auf die Höhenstraße nicht um einen Trip zum Gaußplatz herum – dem noch bis in die Achtzigerjahre bestehenden letzten echten Kreisverkehr ohne Einfahrtsregelung per Vorrangzeichen.

Die Farbexplosion galt auch für die Mode. War man noch in den Sechzigerjahren in Wien und ganz Österreich im Großen und Ganzen recht gesittet gekleidet, in

In der Mode explodieren die Farben: Freizeitmode aus der Kollektion des österreichischen Skirennfahrers Franz Klammer, Herbst 1986

meist eher gedeckten Farben, aus für mich unerfindlichen Gründen mit einem Faible für Beige sowie Hellbraun bis Dunkelbraun, gerne in Flanell oder Schnürlsamt, änderte sich das im Laufe der Siebzigerjahre brutal. Wer sich heute Fotos der Mode der Zeit ansieht, bekommt recht leicht den sprichwörtlichen Augenkrebs. Nicht nur wegen den Glockenhosen, deren Träger und Trägerinnen sich zu Hause das Aufkehren ersparen konnten. Alle Farben des Spektrums und noch ein paar dazu dominierten die Outfits. Je knalliger desto besser, je schockfarbiger desto gut. Diese überall aufbrechende Farbgewalt, etwa auf den von der rebellischen Jugend zum ersten Mal als reguläre Oberbekleidung getragenen T-Shirts – von der älteren Generation abfällig Ruderleiberl genannt und bis kurz davor nur als Unterwäsche toleriert – und auch bei den von der konservativeren Jugend bevorzugten Lacoste- oder Benetton-Polo-Shirts (die durch ihre kleinen Krägen immerhin noch die Anmutung eines ehrenwerten Hemdes besaßen) führte natürlich recht bald zu einer Gegenbewegung. Schon Ende der Siebzigerjahre brachte die Punkbewegung Schwarz als dominierende Modefarbe hervor, wenn auch durchbrochen durch die eine oder andere Schock-Neonfarbe. Begleitet von „No Future"-Badges. Dieser heftige Wechsel der Farbspektren nivellierte sich erst in der zweiten Hälfte der Achtzigerjahre zu den gedeckten Pastelltönen, wie man sie etwa in Aerobic-Videos bewundern kann. Und von revolutionären zu sogenannten Sponti-Sprüchen wie „Nieder mit den Alpen! Freie Sicht aufs Mittelmeer!" oder „Liberté, Fraternité, Vanilletee"auf Badges und Aufklebern.

Modische Fellmoonboots bestanden aus Kunstpelz.

Danach war Farbe kein großes Thema mehr, und seitdem gilt im Wesentlichen die Devise „anything goes". Übrigens: Pelz war damals noch ganz normal und sogar durchaus ein Statussymbol. Aber auch der Protest dagegen aus Tierschutzgründen hatte damals seinen Ursprung. Haarige Moonboots trug man allerdings stets mit Kunstpelz.

Jeans wurden in den Siebzigern noch eher abwertend betrachtet, sie wurden nicht von vielen regelmäßig getragen und schon gar nicht die „echten" Marken wie Levi's. Dafür gab es sie auch in der Version Latzhose und (glücklicherweise) kaum ein Jahr lang in der Version mit weißen Streifen an der Naht („Nur Mädchen, die in der Pubertät nicht reifen, tragen Hosen mit weißen Streifen").

Die markantesten Farben aus den Siebzigerjahren, ja fast schon sprichwörtlich für diese Zeit, waren natürlich das giftige Grün und das leuchtende Orange. Besonders diese beiden markierten das abrupte Ende der grauen (Da-)Vorzeit. Im öffentlichen Raum unter anderem deutlich sichtbar durch die sich an fast jeder Ecke gemächlich drehende orange Z-Kugel der Zentralsparkasse. Wie überhaupt der gesamte öffentliche Raum immer

In den Achtzigern wurde auch das Bauen bunter: das 1985 fertiggestellte Hundertwasserhaus an der Ecke Kegelgasse/Löwengasse

farbenprächtiger wurde. Außenwerbung mit oder ohne Leuchtmittel explodierte, bunte Gebäude (Stichwort Hundertwasser) entstanden, andere wurden gesäubert und restauriert und entpuppten sich ebenfalls als unterschiedlich gefärbt. Ein besonderer Gag dieser Zeit: Statt mehr oder weniger verschämt an den Seiten angebrachten Werbetafeln wurden auf einmal ganze Straßenbahnzüge zum Werbeträger. Das gesamte Fahrzeug wurde miteinbezogen, rund um die Fenster, manchmal halb-transparent sogar über diesen. Heute keine Besonderheit, damals eine Sensation!

Um beim öffentlichen Verkehr zu bleiben: Auch hier bahnte sich eine Zeitenwende an. Noch bis in die Siebzigerjahre hinein galt das Hauptaugenmerk der Stadtplaner der Verlagerung hin auf den Individualverkehr. Soll heißen, nachdem die Wirtschaftswunderzeit praktisch jedem Haushalt ein, wenn nicht sogar mehrere Autos bescherte, galt es, für diese Platz zu schaffen, sowohl zum Fahren als auch zum Stehen. Alte Entwicklungspläne aus dieser Zeit zeigen, dass ein massiver Ausbau der Stadtautobahnen geplant war. Neben der tatsächlich gebauten Südosttangente gab es einen Plan für eine Nordosttangente. Diese sollte vor allem aus einem zur Stadtautobahn ausgebauten Gürtel bestehen, der einerseits an eine bis zum Margaretengürtel weiterführende Westautobahn angeschlossen werden sollte und der andererseits über die Donau hinaus an die noch zu bauende Nordautobahn sowie den ebenfalls geplanten Autobahnring um Wien führen sollte. Ein Überrest dieser Planung ist heute die eher unmotiviert als Autobahnbrücke über die Donau reichende Brigittenauer Brücke. Eines der Zeichen, dass es so vermutlich nicht weitergehen würde, war die Energiekrise 1973/74 und die notfallmäßige Einführung der sogenannten Tages-Pickerl. Eine denkbar einfache Maßnahme: Jeder konnte einen autofreien Tag für sich selbst wählen und dokumentierte diesen dann mit einem Aufkleber an der Windschutzscheibe von „Mo" bis „So". An diesem Tag musste man sein Gefährt stehen lassen oder riskierte eine Strafe.

Nach diesen alten Plänen sollten Fußgänger jedenfalls so weit wie möglich unter die Erde verbannt werden. Was mit den zahlreichen Unterführungen, etwa beim Ring, begann, hätte mit bis zu 20 (!) U-Bahnlinien fortgesetzt werden sollen. Darum wurden auch nach und nach Straßenbahnlinien eingestellt und Gleise entfernt. Wer in den Siebzigerjahren aufwuchs oder erwachsen war, für den waren Straßenbahnen in allen Hauptverkehrsstraßen eine Selbstverständlichkeit. Auf der Landstraßer Hauptstraße fuhr der T-Wagen und auch der J, der beim Rochusmarkt auf die Erdbergstraße abbog, auf der Mariahilferstraße verkehrten die Straßenbahnlinien 52 und 58 ab Ring, auf der Praterstraße und über den Praterstern hinaus auf der Lasallestraße zur Donau die Linien A und B, die 60er-Linien auf der Wiedner Hauptstraße und der Favoritenstraße … Nicht zu vergessen die legendären Linien E2, G2 und H2, die dem auch Lastenring genannten Straßenzug von Landesgerichtsstraße bis Getreidemarkt auch den bis heute üblichen Namen „Zweierlinie" einbrachten. An einer Stelle weckten diese Straßenbahnen sogar so etwas wie Wurstelpratergefühle: die scharfe 90-Grad-Kurve vor dem Stadtpark, dann ziemlich steil bergab am Hotel InterContinental entlang, gefolgt von einer weiteren scharfen 90-Grad-Kurve zum Heumarkt war, vor allem bei nassem oder Winterwetter, nichts für schwache Nerven. Als Schüler versuchte man sich bei diesem Streckenteil möglichst an die Haltegriffe an der Decke zu hängen und wurde, wenn beim Heumarkt die Ampel auf Grün stand, mit einem gehörigen Schwung zur Seite belohnt.

Der E2 gehörte zu den Straßenbahnen, die auf dem Wiener Lastenring verkehrten, der deswegen heute noch „Zweierlinie" genannt wird.

Andere bemerkenswerte Details des öffentlichen Verkehrs dieser Zeit: die noch vereinzelt auftretenden alten Straßenbahnzüge, oft bestehend aus Triebwagen und zwei Waggons, größtenteils aus Holz, manchmal sogar noch mit offenen Plattformen. Siehe auch Wolfgang Ambros' „Zwickt's mi", dessen Textzeile „Gestern

Der erste Doppeldeckerbus der Linie 13A wurde 1961 in Betrieb genommen.

fohr' I mit der Tramway Richtung Favoriten/Draußen regn't's und drinnen stinkt's und i steh in der Mitt'n" nur so Sinn ergibt. Dazu die nur kurz verkehrenden Doppeldecker-Autobusse, auch Stockautobusse genannt. Die fuhren im Laufe der Zeit auf über einem Dutzend Strecken. Den nachhaltigsten Eindruck machten sie allerdings auf der Linie 13A, die auch heute noch durch ihr zahlreiches Auf und Ab und Hin und Her eine rechte Abenteuerfahrt darstellt. Umso cooler, wenn man die vom ersten Stock aus direkt über dem Fahrer genießen konnte!

Übrigens damals sehr gefürchtet: die „blaue", die letzte Bim! Verpasste man die nämlich – und das war oft recht früh –, dann konnte man nur ein teures Taxi nehmen oder zu Fuß gehen (und so ein großstädtischer Weg vom legendären „U4" bis in die Innenstadt oder darüber hinaus war extrem lang, das kann ich selbst bezeugen). Bis nach Mitternacht verkehrende U-Bahnen, am Wochenende rund um die Uhr, oder Ersatzverbindungen mit Nachtbussen gab es nicht. Auch keine Leihautos, Leihfahrräder, Leihscooter oder Leihroller.

Außerdem in jedem Bus und jeder Straßenbahn, wenn man Pech hatte, auch im Beiwagen: der Schaffner. Von einer echten Jugendfreifahrt war man weit entfernt. Als Kind oder Jugendlicher durfte man in den Siebzigerjahren den öffentlichen Verkehr zwar von zu Hause zur Schule und zurück gratis benutzen (und musste sich dafür um ein entsprechendes Dokument in der Rahlgasse anstellen), alle anderen Fahrten waren aber kostenpflichtig. Die Aufwertung der Freifahrtkarte zu einem vollwertigen Freifahrtschein für alle Verkehrsmittel mittels Monatspickerl gab es erst später und war auch nicht für jeden leistbar. Exkurs: umso unverständlicher, dass damals fast niemand mit dem Fahrrad in die Schule fuhr. Wer das tat, galt als Exot. Coole Trendsetter benutzten eher schon das zum ersten Mal in den Siebzigerjahren zur Mode gewordenen Skateboard, bei den vielen Gehsteigen mit Pflastersteinen allerdings kein besonders großes Vergnügen. Tretroller waren nur etwas für Kleinkinder. Helikoptereltern, die ihre Kinder mit dem Auto zur Schule brachten und wieder abholten, gab es auch so gut wie keine.

Wem diese

Mit der Schülerstreckenfreikarte konnte man die öffentlichen Verkehrsmittel von zu Hause bis zur Schule und zurück gratis benutzen.

Schmach zuteilwurde, der wurde – im günstigsten Falle milde – belächelt. All das galt natürlich auch für diverse Nachmittagsaktivitäten, weshalb Kindern und Jugendlichen eigentlich gar nichts anders übrigblieb, als den öffentlichen Verkehr zu benutzen. Kein Wunder, dass das Schwarzfahren blühte. Mit allerlei Tricks. Vor allem bei jeder Station Ausschau halten nach den berühmten „Schwarzkapplern", den Kontrolleuren, die damals noch durch eine auffällige Montur recht leicht zu erkennen waren. Der Wechsel zu Zivilkontrolleuren machte das dann zwar etwas schwieriger, aber nicht unmöglich. Erspähte man zwischen weiblichen sowie sehr jungen und sehr alten männlichen Passagieren Männer im besten Alter, also solche, die eigentlich als natürlich stolze Autofahrer den öffentlichen Verkehr so gut wie nie benutzten, war erhöhte Alarmbereitschaft gegeben. Verstärkt dadurch, wenn die Herren dann auch auffällig unauffällig in Bluejeans und Jeansjacke gekleidet waren und am Armgelenk eine kleine Herrenhandtasche baumeln hatten. Wurde so jemand gesichtet, galt es, so schnell wie möglich auszusteigen! Eine clevere, wenn auch betrügerische Alternative war, einen Fahrschein unauffällig mit den damals neu aufkommenden Tixo-Streifen mit beschrift- und radierbarer Oberfläche zu versehen. Nach dem Entwerten im Stempelautomaten, konnte man die Tinte vorsichtig ausradieren und den Fahrschein so immer wieder verwenden. Das Vorzeigen empfahl sich allerdings nur in einer Brieftasche mit Sichtfenster, um den Betrug weniger offensichtlich zu machen.

Stadtbahnzug in der Station Gumpendorfer Straße, 1980er-Jahre

Doch zurück zu den Schaffnern. Die saßen meist betont gelangweilt im hinteren Bereich jedes Busses und jeder Straßenbahn sowie deren Anhänger. Stieg man ein, musste man dort eine Karte kaufen oder

Mit beschriftbaren Tixo-Klebestreifen konnte man die Fahrkarte manipulieren.

Nachzuhören im gleichnamigen Wolfgang-Ambros-Lied von 1978.

Ein weiteres Symbol der Zeitenwende waren der Bau und die Inbetriebnahme der U-Bahnen, die ihre Rolle im Laufe der Zeit allerdings eklatant gewandelt haben. Ursprünglich wurden sie – siehe zuvor – dazu geplant, den gesamten nichtmotorisierten Verkehr unter die Straßen zu verlegen, um oben Platz für die Autos zu schaffen. Das hat sich im Laufe der Zeit geändert. Inzwischen werden Straßen wieder für Menschen zurückgebaut,

Ein schaffnerloser Straßenbahnwagen im Februar 1978 in Wien

seine im Vorverkauf erworbene Karte zwicken lassen. Weiter vorne einsteigen half zwar manchmal, aber meist wurde man nach hinten gewinkt, um seinen Fahrausweis vorzuzeigen. Diese magistralen Autoritäten wurden im Laufe der Siebzigerjahre und schließlich in den Achtzigerjahren komplett durch Fahrscheinautomaten ersetzt. Anfangs war das noch eine Besonderheit, weshalb an der Außenseite von Straßenbahnen ohne Zugbegleiter das Schild „Schaffnerlos" prangte.

durch die Reduzierung von Fahrstreifen, durch die Verbreiterung von Gehsteigen, durch Fahrradwege und -streifen, durch Fußgängerzonen … Letztere kamen damals ebenfalls als Novum auf. Autoverkehr auf der Kärntnerstaße und am Graben war selbstverständlich! Die Sache mit dem öffentlichen versus Autoverkehr ist in Wien ja bis heute noch nicht ideal, geht aber tendenziell in die richtige Richtung. Die U-Bahnen spielen in diesem Gesamtkonzept heute eine andere Rolle und gelten als moderne, urbane, bequeme und vor allem schnelle Alternative zum Auto quer durch die Stadt. Weshalb jede U-Bahn-Eröffnung von der Wiener Bevölkerung interessiert verfolgt und meist mit Begeisterung aufgenommen wurde und wird.

U-Bahn-Baustelle der Linie U1: Stadtrat Kurt Heller spricht am 20. November 1972 anlässlich des Tunneldurchstichs in der Station Favoritenstraße/Theresianumgasse.

Dabei hatte Wien bereits vor 1980 ein rudimentäres U- und Hochbahnnetz, bestehend aus Stadtbahnen und Schnellbahnen. Die beiden Stadtbahnlinien, die Gürtellinie G und die Wientallinie W, wurden zwar ursprünglich dafür errichtet, Truppen schneller zwischen den vielen Kopfbahnhöfen der Reichshauptstadt hin und her transportieren zu können, waren aber auch fast 80 Jahre nach ihrer Errichtung als Dampfstadtbahn noch ein wichtiger Bestandteil des öffentlichen Verkehrs. Und wurden folgerichtig im Laufe der Zeit in die U-Bahnlinien U4 und U6 umgewandelt. Die erste wirklich neue U-Bahn war aber die U1, die symbolträchtig quer durch die Innenstadt führte und noch symbolträchtiger eine Station mitten am Stephansplatz hatte. Also genauer unter dem Stephansplatz. Die Errichtung des U-Bahnnetzes, das Design die sonstige Gestaltung, von Stationen über die Züge bis hin zu den Beschriftungen, sind einer der großen Meilensteine der hier beschriebenen Zeitenwende. Auch hier wurden die schwarzweißen Stadtbahn-Netzpläne durch bunte U-Bahnpläne, deren kräftige Farben auch als Orientierungshilfe und Leitlinie gedacht waren, ersetzt.

Zusammen mit der Donauinsel kann man den Bau der U-Bahnen als das deutlichste Signal ansehen, dass sich die grau-triste de facto Ostblockästhetik des Nachkriegswiens in die bunte, moderne Metropole mit der seit Jahrzehnten in Toprankings geführten höchsten Lebensqualität verwandelte.

Untrennbar verbunden mit dieser Entwicklung: Bürgermeister Zilk. Zwar wurden viele der Weichen schon von seinen Vorgängern gestellt, insbesondere

Bürgermeister Helmut Zilk und seine Frau, die Sängerin und Schauspielerin Dagmar Koller, posieren 1982 in ihrer Wohnung.

von Leopold Gratz, aber Helmut Zilk verkörperte den neuen Wind besonders eindrucksvoll. Und setzte auch immer wieder erstaunliche Zeichen. So „verurteilte“ er zwei Schüler, die am Karlsplatz einen Hydranten bemalt hatten, dazu, *alle* Hydranten am Karlsplatz zu bemalen! Oder er schloss ein heiß umkämpftes Lokal der Wiener Jugendkultur, das „Flex“, nicht einfach, sondern bot ihm einen neuen Ort am Donaukanal, wo die Jugendlichen (bis heute) laut Musik hören und lustige Zigaretten rauchen können, ohne die Anrainer zu stören. Ebenso steckte er Jugendliche, die ab den späten Siebzigerjahren mit Spraydosen anrückten, um die Stadt auf ihre Weise bunter zu machen, nicht einfach in den Jugendknast, sondern sorgte dafür, dass sie Freiflächen erhielten, die sie nach Lust und Laune gestalten konnten. Etwa am gesamten Donaukanal, der im Laufe der Zeit zu einer faszinierenden Graffiti-Freiluft-Galerie wurde, die heute sogar Ziel von Kunst- und Kulturinteressierten ist.

In diesem Zusammenhang sollte man aber auch Erhard Busek nicht vergessen, Vizebürgermeister von 1978 bis 1987, der ebenfalls viel zu dieser Modernität beigetragen hat. Übrigens bemühte er sich auch um eine Erneuerung der (Wiener) ÖVP, der er mit der „Bunte Vögel“-Kampagne ein grüneres Image verleihen wollte. Im krassen Gegensatz zur sonstigen Wiener ÖVP, die im Laufe der Zeit gegen alles gestimmt hatte, was das heutige moderne Wien ausmacht – von Fußgängerzonen über U-Bahn-Bau, Donauinsel bis UNO-City. Apropos bunt: Auch die Menschen, die einem bis in die Siebzigerjahre auf der Straße entgegenkamen, waren recht einheitlich rosa in diversen Schattierungen. Soll heißen: Schwarze oder Asiaten waren im Stadtbild praktisch unbekannt, maximal als Touristen oder tourende Musiker. Einer der Gründe dafür: Österreich hatte im Gegensatz zu England, Frankreich, Belgien oder den Niederlanden nie Kolonien, aus denen nun Menschen nach Europa strömten. Tatsächlich wirkten bereits die damals ins Land geholten Gastarbeiter aus dem Süden Italiens oder Jugoslawien als ungewöhnlich dunkel pigmentiert.

Was Zilk für Wien war, war Bruno Kreisky bereits davor für Österreich. Bruno Kreisky führte, heute unvorstellbar, von 1970 bis 1979 mehrere Alleinregierungen. Soll heißen: ohne

Vizebürgermeister Erhard Busek hält beim 9. Wiener Stadtfest der ÖVP am 3. Mai 1986 eine Rede.

Koalitionspartner. Und da ging, im Gegensatz zu den Proporzregierungen davor und vielen späteren Koalitionen, tatsächlich einiges weiter. Von Gratisbüchern in der Schule über Freifahrtschein für Schüler und einer umfassenden Entstaubung des Familien- und Sexualstrafrechts (dazu an geeigneter Stelle mehr) bis hin zu einer deutlichen Internationalisierung des kleinen, aber aufgrund seiner Neutralität recht besonderen Österreich – das alles ist ihm und seiner Regierung zu verdanken.

Dabei sollte man einen anderen Faktor auch noch erwähnen: den Kalten Krieg. Zwar war der Kalte Krieg in den Siebzigerjahren nicht mehr ganz so kriegerisch wie noch davor, aber Wien war sowohl im Norden als auch im Osten und im Süden jeweils kaum mehr als 50 Kilometer vom Eisernen Vorhang entfernt. Also geradezu umzingelt. Und obwohl die Wiener bereits in den Siebzigerjahren gerne nach Ungarn fuhren, um dort billig einzukaufen und andere Vorzüge des „Gulaschkommunismus" zu genießen, war einem die latente Bedrohung durch scharf bewachte Wachtürme, Stacheldrahtzäune und stählernen Grenzbalken, die sogar LKW aufhalten konnten, jederzeit bewusst. In den späteren Achtzigerjahren drehte sich der Konsumtourismus dann um, und die Ungarn kamen nach Wien, um hier einzukaufen, vor allem Waschmaschinen, die auf den Dächern ihrer Ostblockautos festgezurrt wurden, dazu jede Menge elektronischen Kram und Bananen, bevorzugterweise in der Mariahilferstraße, die zeitweise sogar den Spottnamen „Magyarhilferstraße" führte. Aber das war nach der (Zeiten-)Wende. Davor konnte man von der Türmerstube des Stephansdoms aus direkt in den Ostblock (Bratislava) hineinschauen, womit man arglose, vor allem amerikanische Touristen regelmäßig und regelrecht schockieren konnte. Die tendenzielle Bedrohung, unter anderem durch einen Atomkrieg, war jedem bewusst. Siehe auch das damals erschienene Bilderbuch für Erwachsene und den darauf basierenden Zeichentrickfilm mit dem Titel „Wenn der Wind weht" von Raymond Briggs. Wer in den Siebzigerjahren in Wien lebte, wusste, dass er sich in einer

Bundeskanzler Bruno Kreisky besucht im Juli 1975 die Baustelle der zwischen 1973 und 1979 errichteten UNO City.

Am 1. August 1976 stürzte die Reichsbrücke, die meistbefahrene Straßenbrücke Wiens, unter mysteriösen Umständen ein.

Nachkriegszeit in einem geteilten Europa befand, in dem ein Kalter Krieg jederzeit wieder heiß werden konnte. Dieses Gefühl schwand erst langsam im Laufe der Achtzigerjahre bis zum endgültigen Zusammenbruch des Kommunismus, dem Öffnen aller Grenzen und dem raschen Beitritt der Oststaaten zur EU (für mich persönlich endete der Kalte Krieg endgültig, als die Leningrad Cowboys zusammen mit dem Chor der russischen Volksarmee ein Konzert gaben und gemeinsam „Stairway to Heaven" intonierten). Gleichzeitig endete die Zeit des Wirtschaftsaufschwungs der Nachkriegszeit, die Ölkrise brachte erste Sprünge im Gefüge, und bald darauf begann der schleichende Rückbau des Wohlfahrtsstaates. Mit den Chefarchitekten Ronald Reagan und Margaret Thatcher (Reaganomics, Thatcherismus) und der der fleißigen Beteiligung anderer politischer Führer wie Helmut Kohl oder dem nicht nur in Österreich aufkommenden Nadelstreifsozialismus. Spitz könnte man formulieren: Nachdem der Ostblock mit seinem Gegenbild des Kommunismus nicht mehr vorhanden war, musste man die westliche Bevölkerung nicht länger mit geförderten Preisen und Sozialleistungen bei Laune halten, um ihr zu zeigen, dass im Westen alles besser wäre …

Während also zum einen die Menschen des Ostens ihre Versklavung abschüttelten, wurden die Menschen des Westens langsam, schleichend und fast unmerklich zu Opfern des wirtschaftlichen Neoliberalismus. Wer Ohren hatte zu hören, konnte das bereits 1983 in dem fast schon prophetischen Lied „Bruttosozialprodukt" von Geier Sturzflug vorausahnen.

Durchaus also auch eine Zeitenwende auf gleich mehreren politischen Ebenen.

Ach ja, und 1976 stürzte die Reichsbrücke ein, aus bis heute nicht restlos geklärten Gründen und mit einigen mysteriösen Begleiterscheinungen.

Das Geld war immer knapp. Genauer gesagt, das „Wirtschaftsgeld“, das mein Papa meiner Mama für den Haushalt gegeben hat. Er ist täglich in der Mittagspause von der Firma heimgekommen zum Essen und dann wieder gefahren. Irgendwann hat es nicht mehr gereicht, und meine Mama hat sich einen Job gesucht. Dann hielten die Packerlsuppen Einzug bei uns – der Favorit war die Knorr-Steinzpilz-Cremesuppe.

Hausfrauen, Skifahren und Flokati

Privates und Familiäres

Das Idealbild einer Familie war in Wien bis weit in die Siebzigerjahre das klassische Vater-Mutter-Kind-Modell. Wobei ein bis zwei Kinder als ideal galten. Mehr waren schon ein wenig dubios, schließlich war man ja nicht im 19. Jahrhundert oder am Land! Weniger, also keine Kinder, war auch ein wenig suspekt – wollten sie nicht oder konnten sie nicht? Auf jeden Fall, mit oder ohne Kinder und wenn wie viele, das Paar musste natürlich verheiratet sein und bestand unzweifelhaft aus einem Mann und einer Frau! Singles waren damals ausschließlich kleine Schallplatten.

Dass dieses Idealbild ein fiktives war, und zwar schon immer, war nur wenigen bewusst. Und es war auch nie die Regel. In früheren Zeiten, bis tief ins 20. Jahrhundert hinein, dominierten Großfamilien – und da fast immer Patchworkfamilien! Vor allem, da die Lebenserwartung nicht sehr hoch war, einer der beiden Ehepartner sehr oft Witwer oder Witwe und daher die eigenen Kinder mit in die Ehe brachte. Dazu kamen manchmal auch noch adoptierte oder uneheliche Kinder, wovon bis heute der Ausdruck „mit Kind und Kegel" zeugt (Etymologie bitte selbst nachschlagen). Natürlich gab es dazu noch ein riesiges Heer an alleinerziehenden Müttern, manchmal ebenfalls Witwen, manchmal ledige. Und freilich existierten auch schon immer homosexuelle Partnerschaften, allerdings nur im Verborgenen, dazu Polyamorie und noch vieles andere mehr, das heute neumodisch klingt, aber schon immer irgendwo zumindest zeitweise praktiziert wurde. Wie etwa in einigen teilweise nudistischen Kommunen der „Lebensreformbewegung" in Wien um 1900.

Alles das war aber auch noch in den Siebzigern offiziell tabu, sogar Scheidungen, die noch bis in die Achtzigerjahre als Schande empfunden wurden. Schuld daran war vor allem die nationalsozialistische Familienpolitik, an dieser Stelle sehr nah an einem christlich-konservativen Weltbild, die auch nach dem Krieg noch in den Köpfen herumspukte und insbesondere in der neuen Biedermeierzeit der Fünfzigerjahre wieder aufgegriffen und durch Filme, Schlager und glückliche Hausfrauen als Werbeträger für Haushaltsgeräte und Waschmittel gefestigt wurde. Irgendwann wurde diese Pseudo-Heile-Welt jedoch unerträglich, und es kam zu den bekannten Jugendrevolten, heute gerne zusammengefasst unter dem Schlagwort „1968er". In Österreich (und nicht nur hier) dauerte es allerdings noch die ganzen Siebzigerjahre hindurch und ein gutes Stück in die Achtzigerjahre hinein, bis man sich von diesen starren patriarchalischen Klischees, die ja durchaus bis heute noch nachwirken, einigermaßen entfernt hatte.

Die unrealistischen Idealbilder waren allerdings nicht nur breiter gesellschaftlichen Konsens, sondern spiegelten sich bis in die Siebzigerjahre im gültigen Recht. Erst ab 1975 wurden Mann und Frau durch das Gleichbehandlungsgesetz tatsächlich gleichgestellt. Bis dahin galt der Mann als Oberhaupt der Familie, und Frauen durften etwa ohne Zustimmung des Mannes keine Verträge abschließen oder arbeiten gehen. Die Emanzipation der Frau war zu der Zeit in aller Munde, aber bei Weitem noch nicht überall und schon gar nicht in jedem Haushalt durchgesetzt. Kurz davor – aber eben erst – 1971 wurde in Österreich die Strafbarkeit von Homosexualität abgeschafft. Von da an war es zwar bekanntermaßen noch ein weiter Weg über weitere Gleichstellungsmaßnahmen bis hin zu einer Ehe für alle, aber immerhin.

Doch zurück zur Familie. Die meisten Menschen in den Siebziger- und Achtzigerjahren *versuchten* immerhin, diesem Idealbild der Familie zu entsprechen oder es zumindest vorzutäuschen. Lassen wir das an dieser Stelle unhinterfragt und sehen uns ein solches Familienleben einmal genauer an …

Frühmorgens stand die fleißige Hausfrau auf und bereitete ihrem Mann und ihren Kindern das Frühstück. Den Kindern wurden Schulbrote geschmiert, alles andere als fancy, meist Schwarzbrot mit Butter und Käse und/oder Wurst und dazu vielleicht ein Apfel oder eine Birne. Je nach Saison vielleicht auch ein paar

Als Jausenbrot gab es in der Regel Schwarzbrot mit Wurst und/oder Käse – meistens in Stanniolpapier, das später als flachgetretene Kugeln in den Schulgängen lag.

Hausfrau und Mutter war für viele Frauen noch der einzige Beruf, wenn auch nicht immer Berufung.

Zwetschken. Manchmal sogar, wenn auch außergewöhnlich, eine Orange, Mandarine oder Banane. Im Laufe der Zeit gesellte sich vielleicht, eine weitere Segnung der Zeitenwende, ein Saft im Tetra Pak dazu. Meistens Sunkist-Orange in Form einer dreiseitigen Pyramide – die dann gerne, im günstigsten Falle bereits leer, vor oder sogar in der Schule am Boden geräuschvoll zerplatzt oder mit dem kleinen Strohhalm als Lauf zum Spritzpistolenersatz wurde. Gegebenenfalls bekam auch der Gatte noch ein „Lunchpaket“, obwohl das nicht mehr sehr üblich war.

Danach verließen Mann und Kinder das Haus. Die Frau blieb entweder zurück und kümmerte sich um den Haushalt – putzen, waschen, bügeln, Mittagessen kochen –, sie ging einkaufen oder jedoch, durchaus nicht völlig ungewöhnlich, ebenfalls zur Arbeit. Wenn auch oft nur Teilzeit, um die gerade genannte Hausarbeit erledigen zu können, denn die Kinder kehrten mittags zurück. Außer die „armen Hortkinder“, die ihre Zeit aufgrund der arbeitstätigen Mütter auch nach der Schule in einer Nachmittagsbetreuung verbringen mussten. Noch viel „ärmer“ waren die sogenannten „Schlüsselkinder“, die allein in eine leere Wohnung zurückkehrten und sich das Essen selbst zubereiten oder warmmachen mussten. Ob sie sich alle tatsächlich selbst als arm empfanden, sei dahingestellt. Die Gesellschaft sah das jedenfalls so und rümpfte über die erwerbstätigen „Rabenmütter“ die Nase.

Nach dem Mittagessen wurden die Hausübungen gemacht. Außer es gab Nachmittagsunterricht, in der Regel meist nur Schulturnen. Eine von vielen ungeliebte, weil aufwendige Angelegenheit, insbesondere in der schönen Jahreszeit, wenn das Turnen nicht im Schulgebäude, sondern auf irgendeinem entlegenen Sportplatz stattfand. Andere Nachmittagsaktivitäten für Kinder umfassten Pfadfinder, Jungschar, Sport und seltener auch andere Fortbildungskurse. Mehr dazu im nächsten Kapitel.

Am späten Nachmittag oder frühen Abend kehrte der Vater heim. Danach versammelte sich die Familie zum Abendessen, in vielen Fällen mit Fernsehbegleitung. Was quasi gleichbedeutend war mit „Zeit im Bild“. Die Sendung startete um 19.30 Uhr und war bis ins Jahr 2007 (!) durchgeschaltet. Das bedeutet, sie lief sowohl auf FS1 als auch auf FS2. Und wenn man gerade nicht am Rand von Österreich wohnte, hieß das in einer Zeit vor Videorekorder, Kabelfernsehen und

Für viele ging es einmal die Woche nachmittags zu den Pfadfindern.

Satellitenschüssel, dass fast jeder, der um diese Zeit in Österreich fernsah, die „Zeit im Bild" sah. In Wien sogar jeder – da die umliegenden Länder nicht nur zu weit entfernt waren, sondern noch dazu in einem anderen Sendeformat ausstrahlten, die von den üblichen Fernsehgeräten nicht decodiert werden konnten. Danach folgte je nach Alter der Kinder noch gemeinschaftliches Fernsehen, in fast allen Fällen eine Quizsendung oder ein Krimi, seltener ein Spielfilm. In einer Zeit vor den ersten Fernbedienungen, auch so eine Errungenschaft der Zeitenwende, fungierten die Kinder als solche. Da die Lautstärke allerdings nicht oft geregelt werden musste und es sowieso nur zwei Programme gab, hielt sich die Kilometerleistung meist in Grenzen.

Wenn das Fernsehprogramm (wieder einmal!) nichts hergab, war gemeinschaftliches Spielen angesagt (Karten, Würfel, Brettspiele). Gegen neun, spätestens zehn, hieß es für die Kinder ab ins Bett. Kleineren (für die natürlich schon um sechs, sieben oder acht Bettzeit war) wurde noch vorgelesen, Größere lasen selbst noch ein wenig, dann war Schluss. Auch die Eltern folgten bald, denn meistens lief zu dieser Zeit nichts mehr im Fernsehen – und zwar nicht in dem Sinne von nichts Interessantes, sondern tatsächlich *nichts*. Zwar dehnte sich der Sendeabend im Laufe der Siebziger- und Achtzigerjahre immer weiter aus, aber spätestens um Mitternacht oder bald danach war Schluss. Wehende Fahne, Bundeshymne, Rauschen, aus.

Danach: Schlafen, Aufstehen, Repeat.

Ein Wort zu den Wohnungen. Denn wenn wir von Wien sprechen, handelt es sich meistens um Wohnungen. Häuser, insbesondere Einfamilienhäuser, waren und sind im Stadtgebiet eher selten. Je nach Einkommensverhältnissen reichten Wiener Wohnungen (abgesehen von Substandard) üblicherweise von „Zimmer, Küche, Kabinett" mit vielleicht 40 Quadratmetern bis zu altehrwürdigen Beletage-Wohnungen in der Größenordnung von 300 Quadratmetern. Um die Wohnungen zu erreichen, musste man übrigens in den meisten Fällen vor acht das Haus betreten oder einen Haustorschlüssel besitzen, Gegensprechanlagen gab es noch keine (dafür haben wir nicht selten Schlüssel in Zeitungspapier gewickelt aus dem Fenster geworfen), sonst war ein Sperrschilling beim Hausbesorger fällig. Wollte man den Aufzug benutzen, war ein weiterer Schilling fällig, außer man besaß wiederum den entsprechenden Schlüssel.

In den kleinsten Wohnungen wurde jeden Abend fleißig umgebaut, weil die Kinder mangels eigenem Kinderzimmer meist auf einer Bettcouch schliefen. Oder auch auf Kinderbetten im elterlichen Schlafzimmer (wer auf sich hielt, hatte ein Joka-Bett), wie ein gewisser Max aus dem Werbefernsehen. Alternativ: Klappbetten im Wandschrank.

Die Einrichtung der Wohnung war der Zeit

Am Wochenende schaute ganz Österreich fast geschlossen eine der großen Samstagabendshows.

Nach 20 Uhr ging nichts mehr ohne Haustürschlüssel oder Sperrschilling. Und auch der Lift kostete fast immer extra.

entsprechend meist einfach gehalten. Nicht nur aus finanziellen Gründen, sondern auch, weil es einfach vieles noch gar nicht gab. Die Waschmaschine stand in vielen Häusern, insbesondere Gemeindebauten, zur gemeinsamen Nutzung in der Waschküche im Keller, Geschirrspüler fanden erst langsam einen Eingang in die Wohnungen. Gerade einmal ein Fernseher durfte nicht fehlen und nahm im Laufe der Zeit immer mehr Platz ein. Denn mit dem Wachstum der Röhrenbildschirme wuchs damals, in einer Zeit vor dem Flachbildschirm, das Gerät auch in die Tiefe! Grob gesagt war der Bildschirm nur eine Seitenfläche eines kompakten wohnraumeinschränkenden massiven Würfels.

Die Wohnungseinrichtungen waren entweder altvaterisch, mit echten oder imitierten Holzmöbeln im Rokoko- oder Barockstil, oft simpel, schlicht funktional im Fünfzigerjahre-Design oder modern. Modern hieß um 1980 herum in erster Linie: bunt. Statt weißer Wände oder beige gemusterter Tapeten gab es auf einmal eine Fülle von abstrakten Wandmustern in den diversesten Farben, bevorzugt in Grün- und/oder Orangeschattierungen. Auch Plastik zog nach und nach als Stilelement ein. Insbesondere bei den Beleuchtungskörpern, deren Formen und Farben mit dem fossilen Modematerial, das quasi alles ermöglichte, fantasievoll explodierten. Vielleicht stand auch irgendwo still vor sich hinwabernd eine Lavalampe. Wobei manche Wohnungen einige dieser Segnungen der Moderne nur in manchen Räumen oder in manchen Teilen eines Raumes aufnahmen, ohne gleich alles zu verändern. Besonders beliebt: der Hinauswurf des abgetretenen Perserteppichs und das Ersetzen durch den Flokati. Kaum eine Wohnung, wo nicht irgendwo und zumindest zeitweise ein auch Hirtenteppich genanntes riesiges Wollrechteck am Boden lag. Flauschig weich, aber extrem schwer zu reinigen und oft das schwarze Loch (oder zeitgemäß: Bermudadreieck) für diverse Kleingegenstände, die auf Nimmerwiedersehen zwischen den Fasern verschwanden.

Ebenfalls ein Hit dieser Zeit: Teppichboden statt Parkett. Gleichfalls gerne in bunt, wieder oft grün, wenn auch eher dunkel und gedeckt. „INKU – Sie müssen ihn fühlen", säuselte dazu das Werbefernsehen. Übrigens galt es bis weit in die Achtzigerjahre hinein als unhöflich, Besucher beim Eintreten dazu aufzufordern, sich die Schuhe auszuziehen und in zu Verfügung gestellte Patschen oder Pantoffeln zu schlüpfen.

Immerhin war das Klo innerhalb der Wohnung bereits weitgehend Standard, und auch eine Badewanne durfte nicht fehlen, bei Platzmangel in Form einer Sitzbadewanne. Das Badewasser wurde übrigens durchaus manchmal von mehreren Familienmitgliedern hintereinander benutzt, um Wasser und Energie zu sparen. Apropos Badezimmer: Wie auch in vielen anderen Bereichen des täglichen Lebens zogen hier nach und nach immer mehr technische Geräte ein: elektrische Rasierapparate statt Nassrasierer, Fön, elektrische Zahnbürsten … „Nilfisk – Frisst den Staub und nicht den Teppich", versprach die Werbung, während der extrastarke Sauger kleine hilflose Cartoon-Schmutzwesen verschluckte.

Auf der Baustelle einer Wochenendsiedlung, 1975

Doch zurück zum allgemeinen Familienleben. Neben dem bereits beschriebenen Tagesablauf gab es natürlich auch noch einen Wochenablauf und einen Jahresablauf. Zuerst zum Wochenende. Das begann für die meisten Leute tatsächlich erst Samstagmittag. Zwar mussten die meisten schon damals am Samstag nicht mehr arbeiten, aber die Kinder hatten in fast allen Fällen noch bis zwölf Uhr Schule! Wochenende in den Siebzigerjahren in Wien bedeutete für einen nicht unerheblichen Teil der Bevölkerung, die Stadt so schnell wie möglich zu verlassen. Kind(er) und gegebenenfalls Haustiere ins Auto und ab zum Wochenendhaus! Denn aus irgendwelchen Gründen, die hier nicht näher erforscht und erörtert werden sollen, konnten sich ziemlich viele ein solches leisten. Wobei nur in den seltensten Fällen darunter so etwas wie eine Villa zu verstehen war, oft eher ein Schrebergartenhaus. Ganz Niederöster-

Mindestens einmal im Jahr fuhr man auf Skiurlaub.

reich, aber auch das angrenzende Burgenland, war das Einzugsgebiet der Exil-Wiener. Manchmal sogar Randgebiete der Steiermark. Bis zu 100 Kilometer Autofahrt hin und zurück am Wochenende war die Norm. Gründe dafür gab es viele: frische Luft, gesunde Gartenarbeit … und nicht zuletzt die Tatsache, dass Wien am Wochenende einfach tot war. Alle Geschäfte schlossen ebenfalls Samstag um zwölf Uhr. Zumindest in der schönen Jahreszeit, wo man auch im kleinsten Kleingarten recht kommod übernachten konnte, war Wien von Samstagmittag bis Sonntagabend de facto ausgestorben. Wer trotzdem da war, blieb entweder zu Hause oder machte Besuche bei Familie und Freunden. Es hätte damals kaum jemanden überrascht, wenn plötzlich wie in jedem zweiten Western durch eine verlassene Straße ein Tumbleweed-Busch gerollt wäre … Vorbei an den heruntergelassenen Rollläden.

Einzige Ausnahme: Touristen, die in nicht wenigen Fällen, vor allem wenn sie aus fortgeschritteneren westlichen Ländern stammten, verzweifelt herumirrten und sich fragten, wieso denn eigentlich alles zu sei, abgesehen von Museen und Restaurants?

All das änderte sich im Laufe der Achtzigerjahre ebenfalls. Abgesehen davon, dass vieles immer teurer wurde, auch Autos und Benzin, und der allgemeine Wohlstand trotz der Versprechungen des Neoliberalismus im Durchschnitt mehr zurückging als zunahm, wurde Wien selbst auch immer attraktiver. Stetig mehr Freizeitaktivitäten waren am Wochenende vorhanden – während die Geschäfte aufgrund einer heiligen Allianz zwischen Kirche und Gewerkschaften nach wie vor eisern verschlossen blieben. Und warum auf der Autobahn an den eigenen Grund in der Nähe eines Baggersees fahren und am Sonntagabend auf den Stadteinfahrten stauen, wenn man auch einfach mit der U-Bahn auf die Donauinsel fahren konnte? Natürlich ist das mit den Wochenendhäusern bis heute nicht völlig ausgestorben und durch die schulfreien Samstage gibt es für viele Familien jedes Wochenende einen Miniurlaub, aber tatsächlich zieht es immer weniger Wiener am Wochenende hinaus, und leere sonntägliche Straßen gibt es kaum mehr.

Im Sommer ging's mit dem Auto an die Adria und bald darauf mit dem Flieger an fernere Strände.

So viel zu den Wochenenden. Nun zu den Urlauben im Jahreslauf. Natürlich war auch das eine Frage der finanziellen Lage der Familie. Aber einmal Skiurlaub im Winter und einmal Urlaub am Meer, an einem See und/oder in den Bergen war quasi als Standardprogramm gesetzt. Oft sogar zwei oder drei Skiurlaube. Denn besonders ambitionierte Familien montierten die Ski sowohl in den Weihnachtsferien, in der „Energiewoche" (später Semesterferien) und zu Ostern auf ihr Auto. Und dann begaben sie sich ins Stubaital oder nach Zell am See, denn dort gab's immer an leiwanden Schnee. Wobei es ein wenig darauf ankam, auf welchen Termin Ostern fiel, aber bei einem späten Termin musste man eben einfach ein bisschen weiter oder höher hinauffahren. Auch das eine Frage des (bescheidenen) Wohlstands. Fast jede Familie hatte zumindest ein billiges Auto, fast jeder in der Familie hatte ein Paar Ski (jetzt neu mit Skistoppern statt Fangriemen!) und Skischuhe (mit immer weniger Schnallen und sicher nicht mehr zum Schnüren), oft jedes oder jedes zweite Jahr ein neues, Liftkarten und Übernachtungen waren erschwinglich … Kaum mehr vorstellbar in einer Zeit, in der die bis ins gigantische ausgebauten Skischaukeln Österreichs hauptsächlich von Japanern, Chinesen, Russen, Indern, Arabern und wohlhabenden Bewohnern anderer EU-Staaten frequentiert werden. Für den durchschnittlichen Wiener ist ein ausgedehnter Skiurlaub mittlerweile einfach zu teuer. Oft bleibt es bei Tagesfahrten zum Semmering samt Ausborgen der Ausrüstung. Denn Ski und Skischuhe kosten heute, wie übrigens auch Fahrräder, inflationsbereinigt ein Vielfaches von dem, was sie in den Siebzigerjahren gekostet haben. In meiner Familie kam es mit der Zeit quasi zu einer Migration. Nachdem der Skiurlaub in Salzburg (Obertauern)

In den Siebzigern war der Skipass noch erschwinglich.

Skimode der Saison 1976/77

blauen Himmel zeugen. Ich wette, dass so mancher bei den hier abgebildeten Fotos sicherheitshalber zweimal schaut, ob es sich dabei nicht um die eigene Familie handelt …

Ähnlich gleichförmig waren die Sommerurlaube. Wandern in den Bergen, Badeurlaub am See oder eben am nächstgelegenen Meer war bis in die Achtzigerjahre hinein das übliche Prozedere. Wobei Meer eigentlich nur zwei Sachen bedeuten konnte: Italien oder Jugoslawien. Später kamen auch noch Griechenland und

Sommerurlaub in den Bergen, Mitte der 1970er-Jahre

zu teuer wurde, fuhren wir in einen kleinen Ort in Tirol (Schwaz) und schließlich nach Südtirol. Heute wäre das alles zu teuer, und ein vergleichbarer Urlaub vielleicht noch an den sanften Hängen der Slowakei leistbar.

Damals jedoch war Skifahren wie gesagt Standard, wovon Dutzende völlig gleich aussehende Bilder von Kindern und Eltern in bunten Overalls, oft nur zu unterscheiden an den verschiedenfarbigen umgeschnallten Bananentaschen, auf ebenso bunten Skiern auf weißem Schnee vor

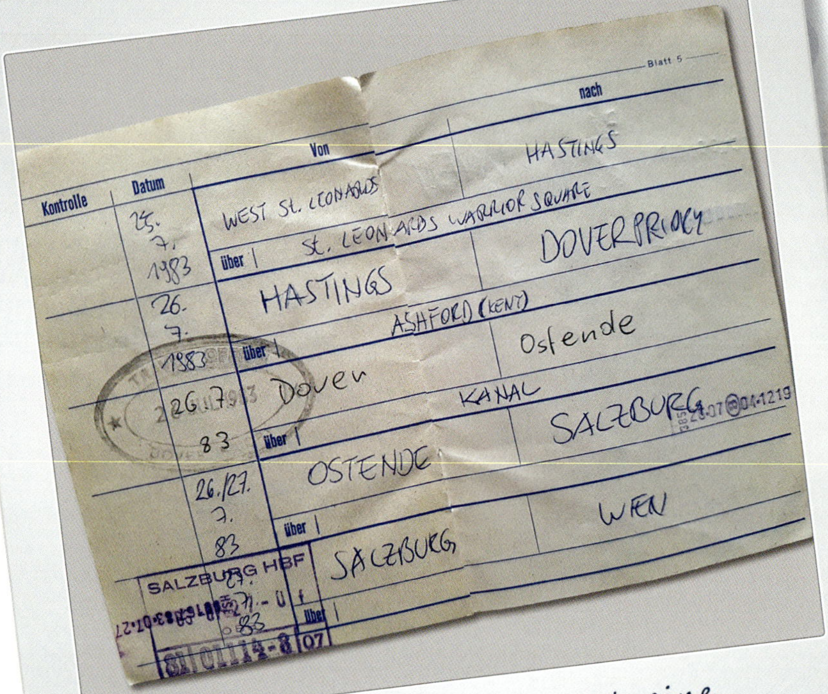

Interrail kam bei Jugendlichen als eine preisgünstige und beliebte Art, Urlaub zu machen, auf.

noch später die Türkei als mögliche Destination dazu, aber eine Kindheit in den Siebzigerjahren bedeutete in den meisten Fällen im Sommer Badeurlaub an der Adria – neben dem Neusiedlersee, die andere sprichwörtliche Badewanne der Wiener. Rimini, Caorle, Bibione, Jesolo, Riccione auf der einen, Istrien bis Dubrovnik oder Inseln wie Krk auf der anderen Seite. Unverzichtbar dabei, vor allem im Hotelpool, eine Plastikbadehaube in knalligen Farben und gegebenenfalls mit wuscheligen Blumenimitaten. Auch hier gleichen sich die Urlaubsfotos enorm. Der Vorteil dieser Destinationen: Man konnte sie alle mit dem eigenen Auto erreichen, vollgestopft mit Kindern, eventuell Hund und im Falle von Camping Zelt, Gaskocher und haufenweise haltbaren Lebensmitteln. Der Nachteil: Wohin man auch kam, man musste sich den Strand und alles andere mit Deutschen teilen, die bereits in einer Zeit vor Pauschalurlaub in Hotelanlagen dazu neigten, früh genug aufzustehen, um sich eine Liege oder den besten Strandplatz mit dem eigenen Handtuch zu markieren. Immerhin konnte man allerdings auch Völkerallianzen schließen, insbesondere Holländer und Schweizer erwiesen sich oft und gerne als Verbündete gegen die germanische Übermacht.

Andere Arten des Reisens waren selten. Manchmal unternahm eine Familie eine Städtereise, wobei das meistens eher nur die Eltern taten und die Kinder in der Zwischenzeit irgendwo anders untergebracht waren. Manche verschlug es auf die damals gerade aufkommenden Kreuzfahrtschiffe, natürlich fast nur im Mittelmeer, mit deren Hilfe man dann auch so exotische Orte wie Ägypten, Marokko, Tunesien oder Israel besichtigen konnten. Und dann vielleicht noch ein Schüleraustausch oder eine Sprachreise für den Nachwuchs, der partout Englisch oder Französisch nicht in sein Hirn bekam.

Und für Jugendliche: Interrail. Eine ganz eigene Kategorie. Denn mit dem günstigen Monatsticket stand einem auf einmal ganz (West-)Europa offen. Geschlafen wurde im Zugabteil, in Jugendherbergen oder im Freien. Wobei der Witz darin bestand, dass man im eigenen Land sehr wohl fürs Ticket zahlen musste, wenn auch nur 50 Prozent. Was dazu führte, dass deutsche Interrailer, deren männliche Exemplare man unterwegs an ihren kurzen Hosen erkannte –

Flugreisen waren anfangs noch exotisch: im Inneren des Flughafens Wien-Schwechat, 1978

Österreicher hätten sowas damals nie getragen –, das billige Ticket meistens dazu benutzten, gezielt irgendwohin zu fahren, etwa Spanien oder Griechenland. Österreicher dagegen fuhren eher „auf Interrail“, mit einer nur vagen Vorstellung eines Reiseplans – wenn überhaupt –, der auch jederzeit wieder umgeworfen werden konnte.

Flugreisen galten als exotisch. Wer es sogar nach Übersee schaffte und etwa die USA bereiste, galt als bestaunenswert. All das änderte sich ebenfalls im Laufe der Achtzigerjahre. Während die finanziellen Umstände beim winterlichen Skiurlaub zu dessen langsamem Aussterben führten, vervielfachten sich die Möglichkeiten beim Sommerurlaub. Immer mehr Flüge, auch Fernflüge an die entlegensten Orte der Welt wurden machbar – und erschwinglich. Das ermöglichte sowohl Globetrottern, auf mehr oder weniger eigene Faust südostasiatische Dschungel zu erforschen, als auch Pauschaltouristen, die immer reichhaltigeren Abendbüfetts der Billig-Destinationen von Tunesien über die Seychellen bis nach Pattaya oder – in die andere Richtung – die kanarischen Inseln bis hin zur „Dom-Rep“ zu genießen. „Mein Gott, hat der Josef a Glück, der Josef fahrt in die Karibik“, sangen DÖF 1983 und im gleichen Jahr intonierte auch die Rucki-Zucki-Palmencombo „Südseeträume“. Sogar Australien oder Südostafrika waren auf einmal keine unerreichbaren Reiseziele mehr. Oder, wie die Erste Allgemeine Verunsicherung ebenfalls 1983 ertönen ließ: „Ist der Massa gut bei Kassa, fliegt First Class er nach Mombassa.“ Um 1990 in „Samurai“ eine der Schattenseiten der neugewonnenen Fernreisefreiheit, nämlich den Sextourismus, beißend zu beleuchten.

Apropos fliegen: Das galt lange Zeit nicht nur als Luxus, es wurde auch durchaus so behandelt. Die Fluggesellschaften wie die „friendly Airline“ AUA servierten auch in der Economy Class und selbst bei kurzen Strecken Snacks, Mahlzeiten, Getränke, gerne auch Alkoholisches, gratis, von freundlichen Flugbegleiterinnen (damals Stewardessen) zwar schon auf Plastiktellern, dafür aber noch mit echten Metallbesteck serviert. Manchmal gab es dazu auch Probepackungen von Zigaretten, die man sogar noch im Flugzeug testen, also ganz echt, so mit echtem Feuer rauchen konnte. Letzteres bis spät in die Neunzigerjahre hinein.

Und flog man mit der AUA, erklang bei der Landung in Wien Schwechat als heimischer Willkommensgruß stets der Donauwalzer.

Besang 1983 den Billig-Pauschaltourismus: die Erste Allgemeine Verunsicherung

Vis-à-vis unserer Volksschule am Paulusplatz, 1030 Wien, lag die Zentrale (eine Filiale?) der NÖM. Meine Freundin und ich waren „Milchordner“ und bekamen jeden Tag in der Früh einen 10-Liter-Plastikkübel randvoll gefüllt mit kleinen Schulmilchpackerln. Zu zweit haben wir angepackt und den schweren Kübel die paar Meter in die Klasse getragen, der Metallbügel hat sich fest in unsere kleinen Hände gedrückt. An manchen Tagen hatte ich Glück, und meine Mama hatte sich in dieser Woche für Kakao und nicht für die eklige Vanillemilch entschieden.

Konsum, Schulmilch und die Öffnungszeiten

Alltag und Kindheit

Wie in den beiden vorhergehenden Kapiteln bereits geschildert, war das öffentliche Leben, das Leben als Familie in diesem „alten Wien" vor 50 Jahren in vieler Hinsicht anders als heute. Um das abzurunden, wollen wir jetzt noch einen Blick auf das alltägliche Leben werfen, vor und nach dem Epochenumbruch, oder, um im Sinne dieses Kapitels zu bleiben: vor und nach der Einführung des Bankomats.

Denn vor dieser segensreichen Einrichtung besaßen die Menschen zwar bereits Scheckkarten, heute fast flächendeckend in Debitkarten umgewandelt und umbenannt, aber die dienten hauptsächlich zwei Zwecken. Zum einen, um damit Bankgeschäfte auf der Bank zu erledigen, und zum anderen, um sie samt Unterschrift vorzuzeigen, wenn man einen – nomen est omen – Scheck ausstellte. Denn sollte man sich nicht rechtzeitig zu den Öffnungszeiten mit Bargeld versorgt haben – frecherweise sperrten die Banken auch noch über Mittag und waren samstags zu – sah es am Abend beziehungsweise am Wochenende trüb aus. Einige Leute hatten extra ein Konto oder zumindest ein Sparbuch bei der Post, weil man damit auch über die Mittagszeit oder am Samstag bei Postämtern Geld abheben konnte. Andere, so wie der Autor dieser Zeilen, besorgten sich extra ein Sparbuch bei der Meinl Bank, weil man damit auch bei den Proto-Supermärkten der „Julius Meinl"-Kette am Samstag Geld beheben konnte. Zwar gab es damals schon Kreditkarten, aber die hatten nur Leute mit hohem Einkommen und wurden auch großteils nur von Geschäften und Restaurants höherer preislicher Kategorie akzeptiert. Daher kam es durchaus vor, dass nikotinabhängige Zigarettenjunkies am Sonntag am Bahnhof oder spätnächtliche Hungernde am Würstelstand ihr Scheckbuch zückten, um damit Beträge von wenigen Dutzend Schillingen zu begleichen. Wenn die Verkäufer damit einverstanden waren. Denn wo kein Bankomat, da natürlich auch keine Bankomatkassen, schon gar nicht digital über Mobilnetz.

Wer sich nicht rechtzeitig vor einem Wochenende oder vor Feiertagen mit allem Notwendigen eindeckte, war in den Siebzigerjahren auch in einer fast Zwei-Millionen-Großstadt wie Wien weitestgehend aufgeschmissen. Ja, auf den Bahnhöfen gab es ein paar Einkaufsmöglichkeiten, aber im Gegensatz zu heute nicht in weitläufigen Supermärkten, sondern in kleinen Geschäften zu überteuerten Preisen. Es gab nur wenige Ausnahmen wie die sagenumwobene „Grüne Hütte" im Prater, eine Art Greißler, bei der man auch noch Nahrungsmittel bekam, wenn überall sonst bereits geschlossen war. Tankstellen führten übrigens damals Benzin, Öl, Windschutzscheibenreiniger, Enteiser und sonst nichts und waren noch keine Mini-Supermärkte mit angeschlossener Treibstoffabgabe.

Wer also etwas einkaufen wollte, musste das zu den Geschäftsöffnungszeiten – werktags bis sechs, samstags bis zwölf – tun. Oder man erniedrigte sich und ging zu einem geöffneten Gasthaus und fragte schüchtern, ob man vielleicht einen Liter Milch kaufen könne. Übrigens hatten nicht nur Banken über Mittag und samstags geschlossen, sondern auch Apotheken … Der Vorgang des Einkaufens selbst war ebenfalls anders. Denn es gab zwar bereits in den Siebzigerjahren, wie schon erwähnt, einige Supermärkte, aber man fand sie noch nicht an jeder Ecke. Und sie hießen zu einem großen Teil anders. Klar, es gab bereits einige BILLA- (Billiger Laden) und SPAR-Filialen (niederländisch „De spar"= die Tanne), sonst jedoch LÖWA-Märkte (benannt nach einem der Gründer, Walter Löwe), die Mitte der Siebzigerjahre zu ZIELPUNKT wurden, die PAM-PAM-Hypermärkte, dazu kleinere Ketten wie „Brüder Kunz", später von Julius Meinl aufgekauft, in Wien selten ADEG, kurzfristig den kleinen BILLA-Ableger EMMA und noch einige andere mehr. Viele, vor allem die kleineren Filialen der Ketten, hatten auch noch keine Einkaufswagen, sondern nur meist eher kleine Tragekörbe aus Draht. Nicht zu vergessen die KONSUM-Märkte, ohne die gestandene Sozialdemokraten insbesondere in den Arbeiterbezirken wahrscheinlich verhungert und verdurstet wären. Und wer sich irgendwie einen Zugriff auf eine METRO-Karte besorgen konnte, füllte mit Vorliebe dort das Auto randvoll mit Großgebinden. Aber Letzteres hat sich in Wirklichkeit bis heute nicht geändert. Damals ebenfalls neu und bald

Wer ein Sparbuch bei der Meinl Bank hatte, konnte auch samstags in den Supermarktfilialen Geld beheben.

Plastiksackerl der ersten Generation

darauf ubiquitär: die anfangs meist gratis ausgehändigten Plastiksackerl, zuerst als Nylonsackerl bekannt.

Abseits von dieser immer stärker aufkommenden und aufblühenden Supermarktkultur war Einkaufen auch in den Siebzigerjahren noch oft ein Marathon mit Boxenstopp: zum Bäcker oder Anker (lange Zeit die einzige große Backwarenkette) für Brot, zum Fleischhauer für Wurst und Fleisch, Obst und Gemüse beim Obst- und Gemüsehändler, gemischtes Kleinteiliges wie Dosen beim Greißler und so weiter ... Fisch gab es vor allem in eigenen Fischgeschäften. Und Milch und Milchprodukte konnte man durchaus auch noch in den Siebzigerjahren in Wien in eigenen Milchgeschäften, vulgo Milchfrau, gekennzeichnet durch ein blaues Schild mit weißer Milchflasche, besorgen. Im Sommer übrigens auch die primäre Anlaufstelle für Eis. Wer einen der damals noch häufigeren offenen Märkte in der Nähe hatte, war klar im Vorteil, denn dort gab es das alles direkt nebeneinander.

Was wie ein Trip in die Dreißiger-, vielleicht auch Fünfzigerjahre klingt, war in Wien tatsächlich auch noch in den Siebzigerjahren gelebte Realität, verschwand dann aber rasend schnell durch die rasend schnelle Ausbreitung von Ketten aller Art. Auch Parfümerieketten wie DM (ab 1976 in Linz, 1978 in Wien) und BIPA (Billige Parfümerie, Anfang der Achtziger), die gemeinsam mit den Supermärkten langsam, aber sicher fast alle Drogerien und viel Geschäfte mit Haushaltswaren zum Verschwinden brachten. Ein ähnliches Massensterben unter Schreibartikelhändlern verursachte dann die LIBRO-Kette (ab 1978), die auch dem Buchhandel und den Schallplattenläden gehörige Umsatzeinbußen bescherte. Tatsächlich deckten ab den Achtzigerjahren größere Supermärkte wie INTERSPAR bereits fast schon alle Lebensbereiche des täglichen Bedarfs und des Haushalts ab.

Auch andere Handelsketten machten nach und nach fast allen Einzelhändlern den Garaus. Egal ob im Elektronik- und Optiksektor (Niedermayer, köck, herlango, Hartlauer, Conrad ...), im Schuhbereich (Stiefelkönig, DELKA, benannt nach ihrer Gründerin, Doris Elisabeth Klausner, HUMANIC ...) oder im Bereich der Kleidung (erst heimische wie Kleiderbauer und Fürnkranz, später C&A). Dazu kamen Baugroßmärkte und Möbelgroßhändler – letztere im Fahrwasser von IKEA (ab 1977), damals noch mit Elch. Zwar gab es viele dieser Ketten schon sehr lange (DELKA wurde

LÖWA-Werbung in den 1980er-Jahren

1907 gegründet und hatte im Jahr 1922 bereits sieben Filialen in Wien), aber ihre flächendeckende Verbreitung in der ganzen Stadt, ja in allen österreichischen Städten, und dann auch Einkaufszentren am flachen Land und die damit verbundene komplette Umstrukturierung bis zum Tod des Einzelhandels nahm erst in den Achtzigerjahren richtig Fahrt auf. Heute konkurrenzieren diese Ketten nicht mehr den Einzelhandel, sondern einander, so ist etwa jede MÜLLER-Filiale ein DM oder BIPA plus LIBRO, ein MEDIAMARKT bietet mehr als einst ein köck, weshalb es auch immer wieder zu Kettensterben kommt.

Aber genug vom Shopping, hin zu Post und Bank. Beide früher ein absurder Fixpunkt im Alltag. Wenn man Bankgeschäfte erledigen wollte, musste man zur Bank oder Sparkasse gehen, meist zu den Marktführern Z (linke Reichshälfte) und CA (rechte Reichshälfte), beide fast überall in Wien an jeder Ecke anzutreffen. Dort hob man Geld am Schalter ab, zahlte Geld ein und ließ sich das im Sparbuch bestätigen, ließ sich Kontoauszüge ausdrucken und tätigte Überweisungen – indem man endlos Zahlschein um Zahlschein ausfüllte und unterschrieb. Kein Automat weit und breit. Ebenso bei der Post. Auch die war fast überall anzutreffen. Und das war auch wichtig, denn wollte man mit jemanden anders als telefonisch in Kontakt treten, musste man einen Brief schreiben oder ein Paket schicken oder, wenn es eilig war, ein Telegramm, und das ging alles nur auf der Post. Anstellen am Schalter, Briefmarke bekommen, ablecken, draufkleben, gegebenenfalls Dokumente ausfüllen, etwa wegen Zoll, wenn das Paket ins Ausland ging oder wenn die Postsendung eingeschrieben wurde, all das war nicht nur in den Siebzigern, sondern sogar auch noch in den Achtzigerjahren Alltag.

Apropos Post: Die große Landplage der Paketzusteller ist zwar eine etwas neuere Erfindung, aber bereits damals kamen die ersten expliziten und vielfach genutzten Botendienste auf. Der berühmteste der Zeit: VELOCE. Das Konzept eines Fahrradboten war komplett neu und in einer Zeit, wo die Straßen zunehmend von Autokolonnen verstopft waren, tatsächlich eine großartige Idee. Noch ein Vorteil: VELOCE-Boten holten die Pakete auch ab.

Jetzt aber wirklich weg vom Alltag, hin in Richtung Vergnügen. In Tagen, in denen als einziges audiovisuelles Medium der Fernseher mit gerade einmal zwei Programmen zur Verfügung stand, war außerhäusliche Abendunterhaltung noch ein weitaus größeres Thema als heute. Das meiste hat sich allerdings nicht verändert: Es gibt nach wie vor Theater, Konzerte, Opernhäuser, Kabaretts … Klar, auch in all diesen Bereichen hat sich seit damals einiges gewandelt, aber man kann nicht gerade von einer gigantischen Umwälzung sprechen. Im Gegenteil, vieles hat eine erstaunli-

Nach und nach entstanden Einkaufszentren „auf der grünen Wiese“: überfüllter Parkplatz am Shopping City Süd in Vösendorf, 1987

Nur zwei kleinere Säle im Keller des ehemaligen Schottenring-Kinos werden heute noch als „Kino de France" bespielt, die anderen gibt es nicht mehr.

che Kontinuität: Wer das hier heute im Alter von 60+ liest, war vielleicht selbst noch mit einem Abo des Theaters der Jugend im Theater, das danach die eigenen Kinder und inzwischen schon die Enkel nutzten und nutzen.

Einige andere Arten der Vergnügungsstätten begannen damals langsam auszusterben, etwa lauschige Tanzcafés oder schummrige Tanzbars, meist mit Livemusik. Wer tanzen gehen wollte, ging in eine Disco, um dort zu den Rhythmen der gleichnamigen Musikrichtung John-Travolta-gleich die Hüften zu schwingen, beschallt von riesigen Boxen, beleuchtet von grellen Scheinwerfern.

Den größten Wandel gab es wohl im Bereich der Kinos. Waren in den Siebzigerjahren noch kleine Schuhschachtelkinos mit Leinwänden, die nicht viel größer waren als die größten Plasma-Fernseher heute, in jedem Bezirk mehrfach anzutreffen, verstarben diese in jener Zeit langsam und wurden durch Kinocenter ersetzt. Das traf allerdings nicht nur die Schuhschachtelkinos, sondern auch so manche Kinogiganten wie das Colosseum (700 Plätze) im Neunten oder das Helios (400 Plätze) in der Taborstaße. Von diesen alten Riesenkinos ist nur noch das Gartenbau übergeblieben – sowie das Apollo, das allerdings in ein Center umgewandelt wurde. Der Grund des Wandels lag auf der Hand: In einem Kino mit nur einem Saal, egal ob groß oder klein, konnte immer nur ein Film gespielt werden. In einem Kinocenter mehrere für verschiedene Zielgruppen. Dass dabei die kleineren Säle tatsächlich noch viel kleiner wurden als die durch die Center verdrängten Bezirkkinos, kann man getrost als Treppenwitz der Geschichte ansehen.

Übrigens gab es in den Siebzigerjahren in den Kinos, wenn überhaupt, nur Popcorn aus der Packung. Mit anderen Worten: Kelly's – übrigens eine österreichische Marke, trotz des bewusst gewählten amerikanisch klingenden Namens. Der Snack der Wahl des Wiener Kinogehers war definitiv Eggers „Sportgummi". Bis heute gern gekauft, wenn auch nicht mehr synonym mit einem Kinobesuch. Alternativ wurden noch gebrannte Aschanti genascht. Und nein, dieser alte Name für Erdnüsse ist nicht rassistisch, sondern einfach eine Herkunftsbezeichnung. Eine Besonderheit, insbesondere bei großen Kinos, starb aber definitiv Ende der Siebzigerjahre aus: die von einem Conférencier geleitete Modenschau vor dem Hauptfilm (habe ich tatsächlich noch selbst im Gartenbau erlebt). Ebenso die Pause bei längeren Filmen, die dem Wechsel der Filmrolle diente und oft dazu genutzt wurde, Snacks direkt im Kinosaal zu verkaufen. Außerdem traute man Menschen damals wohl nicht zu, einen so langen Film wie etwa „Ben Hur" mit dreieinhalb Stunden in einem Stück zu ertragen. Binge-Watching war noch nicht erfunden.

Das Autokino in Groß-Enzersdorf bei Wien genoss Kultstatus.

Noch zwei Kuriositäten: Am Graben gab es das „Ohne Pause"-Kino, später „O. P.", das tatsächlich bis Anfang der Siebzigerjahre als Ohne-Pause-Kino geführt wurde. Soll heißen: Der Film, inklusive Wochenschau (vor dem Fernsehen der einzige audiovisuelle Nachrichtenkanal) und Vorfilm (auch etwas weitgehend Ausgestorbenes, oft Cartoons) und Werbung, lief in einer Endlosschleife durch. Man konnte hineingehen, wann man wollte, sitzenbleiben, so lange man wollte und sich den Film auf diese Weise sogar gleich mehrmals hintereinander ansehen. Allerdings konnte es dabei auch passieren, dass man den spektakulären Schluss noch vor dem Anfang zu Gesicht bekam.

Die andere Kuriosität war das Autokino knapp außerhalb der Stadtgrenze. Das gibt es zwar noch immer beziehungsweise wieder, aber in den Siebziger- und Achtzigerjahren genoss es einen gewissen Kultstatus. Irgendwie war es cool, mit dem Auto extra hinzufahren, sich eine Lautsprecherbox an die Scheibe der Autotür zu hängen und durch die Windschutzscheibe einen Film zu schauen, die Vorderräder leicht erhöht auf dem welligen Boden, um den Blick nach oben zu erleichtern. Außerdem konnte man auf diese Weise durch einen Sprung ins Auto manchmal noch einen Film erhaschen, der im Programm der Hauptstadt nicht mehr lief.

„Holiday on Ice" in der Wiener Stadthalle im Jänner 1980

derem das jährliche Gastspiel von „Holiday on Ice" in der Stadthalle, Karl-May-Produktionen ebendort, mit aufwendig ausgeschütteten Bergen und Verfolgungsjagden per Pferd und Kutsche (und manchmal Pierre Brice höchstpersönlich!), sowie die Zirkusshow „ATA" („Artisten Tiere Attraktionen"). Dazu kamen die ebenfalls ungefähr im Jahresrhythmus gastierenden Großzirkusse. Wobei Zirkus damals noch etwas ganz anderes war als heute: Löwen und Tiger, Elefanten und eine ganze Reihe anderer exotischer Tiere rannten und sprangen brüllend und fauchend durch die Arena. Was ich hier nicht nostalgisch verbrämen will, natürlich wurden viele dieser Tiere unter denkbar schlechten Bedingungen und alles andere als artgerecht gehalten, dennoch ist die Erinnerung an eine durch einen Feuerreifen springende Zwei-Meter-Wildkatze ein paar Meter vor einem – die vom Reifen ausstrahlende Hitze kann ich heute noch spüren – mit einem modernen Zirkus nicht vergleichbar.

Besuche dieser Attraktionen waren die wenigen und weit auseinanderliegenden Highlights einer Kindheit der Siebziger- und Achtzigerjahre in Wien. Und die war, auch wenn sich so mancher vielleicht träumerisch an die gute alte Zeit erinnert, im Wesentlichen von Langweile geprägt. Es gab bekanntlich

Dazu passt noch eine andere Kuriosität am Rande der Stadt – nun gut, ein bisschen entfernt. Einige Jahre lang konnte man nämlich Löwen und andere Wildtiere nicht nur in Schönbrunn bewundern, sondern ebenfalls durch die Scheiben des eigenen Autos. Im „Safaripark" in Gänserndorf durchfuhr man das von Raubkatzen und Co. bewohnte Areal und konnte sich angenehm gruseln, wenn eines der Exemplare sich dem Fahrzeug näherte. Einen weiteren Adrenalinschock boten die dort ebenfalls auftretenden „Todesspringer von Acapulco", die von einer Leiter in wahnwitziger Höhe in ein Planschbecken sprangen. Eröffnet wurde der Park im Jahr 1972, endgültig geschlossen wurde er zwar erst im Jahr 2004, aber seine große Zeit endete mit vielen Problemen und Aufs und Abs bereits Ende der Achtzigerjahre.

Apropos Entertainment: Andere Großereignisse dieser Zeit waren unter an-

Dompteurin Lydia mit ihre Löwen bei „Artisten Tiere Attraktionen", um 1980

nur drei Radiosender und zwei Fernsehsender, die noch dazu alle nicht rund um die Uhr sendeten. Fernsehen begann am späten Nachmittag und endete vor Mitternacht. Kindsein war fad. Aber vielleicht beginnen wir lieber chronologisch …

Wie heute startete die Schule um acht Uhr und war im Regelfall zwischen zwölf und zwei aus. Der Unterricht fand in fast allen Fällen frontal statt, eine Lehrperson versus um die 30 Schüler und Schülerinnen, größtenteils ohne audiovisuelle Unterstützung. Highlights diesbezüglich waren manchmal das gemeinsame Lauschen des Schulfunks auf Ö1, das Vorspielen von Musik, Fremdsprachen und Literatur von Langspielplatten oder Tonbandkassetten sowie die Projektion von beschrifteten Folien auf den notorisch störungsanfälligen Overheadprojektoren. Lehrmaterial und Schularbeitsaufgaben konnten mangels Kopierer nicht kopiert werden, dafür gab es bläuliche Matrizendurchschläge in mehr oder weniger lesbarer Qualität. Ab und zu wurde auch ein alter Lehrfilm projiziert, und mit den späten Siebzigerjahren hielten langsam auch massige Videorekorder Einzug in die Schulen, deren Content auf denkbar kleinen Fernsehern wiedergegeben wurde.

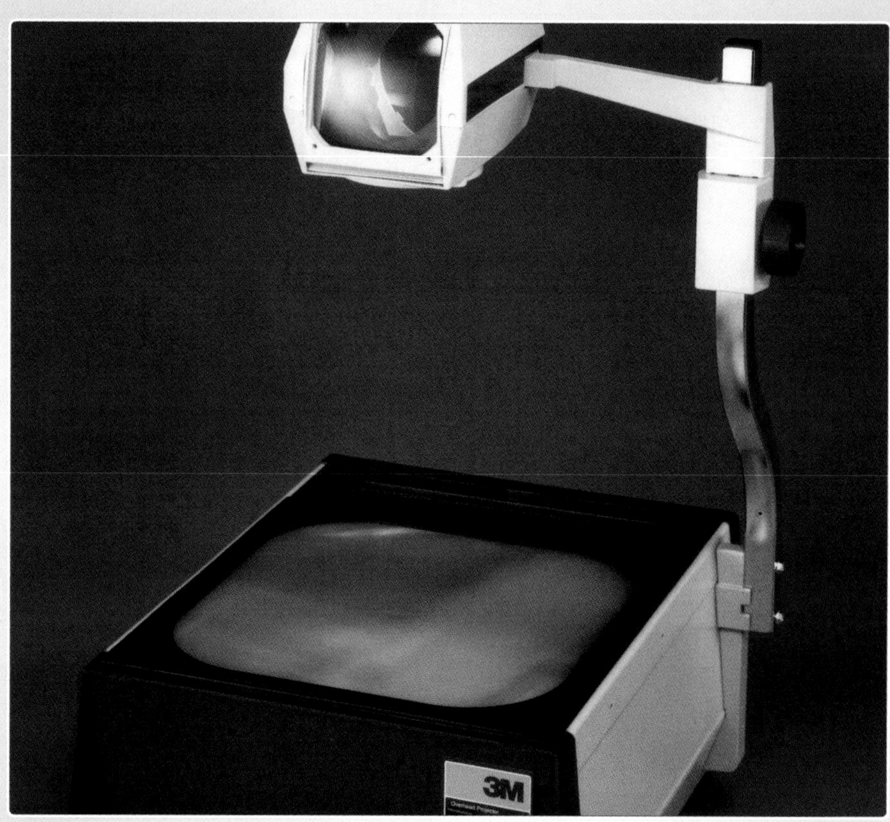

Overheadprojektoren waren ein beliebtes Unterrichtsmittel.

Buffets gab es so gut wie nie, maximal konnte man sich beim Schulwart die eine oder andere Kleinigkeit kaufen. Mangels Alternative wurden Pausenbrote, Obst und gelegentlich Süßigkeiten getauscht. Weitere kulinarische Highlights waren die durch die Schulmilchaktion geförderte Schulmilch, gerne auch in der Variante Kakao genommen, die aber regelmäßig für unglaubliche Sauereien in und außerhalb der Klasse sorgten, sowie die blassgelben, mild-süßen Fluortabletten. Diese sollten zwar der Gesundheit dienen, wurden aber oft auch als Süßigkeitenersatz verwendet oder mit dem Finger durch die

erfindlichen Gründen Sicherheitsnadeln mit aufgereihten bunten Holzflöhen. Oder Coladosen-Ringerln.

Übrigens gab es zwar keine Buffets, dafür aber zunehmend Getränke- und sogar Kaffeeautomaten sowie an vielen höheren Schulen ein „Raucherkammerl", wo sich die Oberstufler und ProfessorInnen gegenseitig Zigarettenrauch ins Gesicht bliesen. Als Unterstufler hineinzugehen, ein paarmal tief einzuatmen und schnell wieder zu verschwinden galt als Mutprobe.

Federpennal mit Stundenplan und Buntstiften, Filzstiften und Füllfeder

Zur Schultasche umfunktionierter Armee-Umhängetasche mit diversen Aufnähern und Buttons

Gegend geschnippt. Kaum eine Klasse ohne gelbe Tupfen am Boden. Weniger beliebt waren die diversen Impfungen durch die Schulärzte. Polio, bitter aber immerhin auf einem Stück Zucker, ging noch, aber Pocken wurden gespritzt. Immerhin ohne wütende Protestaktionen aufgebrachter Medizinschwurbler.

Coole Kids trugen auf ihren Jeansjacken oder Armeetaschen Buttons mit verschiedenen lustigen oder provokanten Aussagen oder aus un-

In Abwesenheit von Handys waren andere Dinge en vogue, die man in der Pause oder unter der Schulbank zur Ablenkung verwenden konnte. Etwa den Rubik's Cube, den „Zauberwürfel", dessen schnelle Lösung einem durchaus großes Ansehen einbringen konnte. Dazu frühe Unterhaltungselektronik wie Tric-O-Tronic oder die Zweckentfremdung des (ebenfalls eine Novität) Taschenrechners. Damit konnte man etwa Bewerbe durchführen, wer innerhalb von einer Minute öfters auf die Plus-Taste drücken konnte. Ich erinnere mich, wie ein fülliger Mitschüler neben mir sich dabei derart anstrengte, dass er einen hochroten Kopf bekam. Dieses gepaart mit seinen heftigen Handbewegungen unter dem Tisch brachte ihm einige sehr befremdet wirkende Blicke des Professors ein …

Die neuen Taschenrechner konnte man herrlich zweckentfremden.

Die faszinierende Einführung der Digitaluhren – mit Stoppfunktion! – ermöglichte auch noch andere Spiele, wie etwa Luftanhalten auf Zeit oder den Versuch, eine Minute ohne Blick auf die Uhr genau abzuschätzen. Wer das alles nicht hatte oder wollte, konnte sich immer noch mit einer Vielzahl von Spielen mit Stift auf kariertem Papier ablenken. Damit hielt auch der Kugelschreiber, meist BIC, seltener Papermate, als bevorzugtes Schreibgerät Einzug in die Klassenzimmer, anfangs äußerst kritisch beäugt vom Lehrpersonal. Ja, manchmal gab es sogar Abzüge, wenn man keine Füllfeder benutzte. Deren Verwendung zudem den Vorteil hatte, dass man Fehler dank dem damals ebenfalls neuen „Tintenkiller" mehr oder weniger löschen konnte. Dazu kamen in der Pause oft heftig ausgeführte Fitschigogerl-Matches, also simulierte Fußballspiele mit Münzen und Geodreiecken.

Nach der Schule ging es nach Hause, meist verstreute man sich schnell, aber manchmal kam es noch zu der einen oder anderen gemeinsamen Aktion. Wie das Legen von Zehn-Groschen-Stücken auf die Schienen der Straßenbahnen, gefolgt von Weglaufen und Abwarten, um danach die geplätteten Kunstobjekte einzusammeln.

Übrigens gab es damals noch heute exotisch klingende Fächer wie „Naturkunde" oder „LÜK" und „LÜM" (Leibesübungen Knaben/Mädchen). Und die LÜK-Kästen (Lernen-Üben-Kontrollieren), eine Art physische Lern-App, aber das ist eine andere Geschichte.

Zu Hause folgte nach dem Mittagessen und Hausübung-Machen, wie erwähnt,

Manche verbrachten ihre Freizeit tatsächlich noch mit dem Sammeln von Briefmarken.

meist eine Zeit der Langeweile. Während man sich am Land vielleicht auf das Fahrrad schwang oder Wiesen und Wälder erkundete, war das alleinige Hinausgehen in der Großstadt eher kein Thema. Um diese Langweile zu durchbrechen, gab es tatsächlich auch in den Siebzigerjahren noch Kinder, die sich so etwas wie dem Sammeln von Briefmarken oder dem Legen von Patiencen widmeten. Gelesen wurde alles, was greifbar war, von den 60-Seiten-Romanheften von Jerry Cotton bis Perry Rhodan und Lassiter (wegen der einen etwa seitenlangen erotischen Szene, die in jedem Heft vorkam) bis zu 600-Seiten-Wälzern wie „Die Drei Musketiere", Karl May-Werken oder spannenden Sachromanen wie Schenzingers „Metall" oder „Anilin" (NS-Belastungen von Autoren und anderen Personen des öffentlichen Lebens waren damals noch kein großes Thema). Dazu esoterische Sachbücher von Erich von Däniken oder Berlitz (Bermudadreieck!) oder Moodys „Leben nach dem Tod". Und natürlich Comics, Comics, Comics. Mangels Kabelfernsehen und Videospielen zu Hause die einzige Möglichkeit, in bunte fremde Welten einzudringen. Bis in die Achtzigerjahre hinein dominierte eine ganze Bildergeschichtenwand fast jede Trafik. Von Humor wie Micky Maus, Fix und Foxi, Felix und Pepito über Western wie Buffalo Bill, Silberpfeil und Bessy bis zu Horror in Form von Gespenstergeschichten, Grusel-Comics und so weiter. Später entstand ein eigener Zweig für Mädchen, meistens irgendwas mit Pferden („Conny – Mädchen, Pferde, Abenteuer"), dazu gendergerechten Schrecken in Form von „Vanessa – Freundin der Geister". Ältere und Anspruchsvolle wendeten sich den Abenteuern in ZACK zu, bastelten die Gimmicks von YPS oder lasen die satirischen Ergüsse in MAD. Und natürlich Asterix, in vielen Haushalten der einzige auch von Eltern tolerierte Comic, dessen Zitate bis heute tradiertes Kulturgut sind. Dazu Lucky Luke, Isnogud sowie Clever & Smart.

Alternativ Hörspiele. Meist Krimis wie „Die drei ???" oder die Hörspielversion von Kinofilmen, insbesondere Disney. Dazu Satire wie die allseits beliebten Otto-Platten. All das wurde so lange gehört, bis man mitsprechen konnte. Nachschub bekamen viele bei „Donauland" mit dem Zwangsabosystem,

Eine Vielfalt von bunten Comics bot Abwechslung in einer noch eher schwarz-weißen Medienwelt.

das zum monatlichen Kauf eines Produktes verpflichtete, bei Büchern meist mit einem veränderten Cover und zu einem angeblich billigeren Preis als im Buchhandel.

Am späteren Nachmittag begann das Fernsehen, zuerst mit Sachsendungen wie „Wir", die aber von Kindern ebenso verschlungen wurden wie der für Pensionisten gedachte „Seniorenclub". Seltener schnarchfade Kindersendungen wie „Wer bastelt mit?" Mehr dazu in späteren Kapiteln.

Dann das gemeinsame Abendessen und gemeinsame Fernsehen – siehe voriges Kapitel. Dann früh ins Bett, oft noch mit Lesen über oder unter der Bettdecke oder geheimem Radiohören, nämlich diesen rebellischen Popsender Ö3!

Für kleinere Kinder stand manchmal auch ein Spielplatzbesuch auf der Liste, mit metallenen Klettergerüsten, umgeben von knallhartem Betonboden. Seltener ein Ausflug zu den großen Spielplätzen wie im Donaupark oder den damals neu aufkommenden natürlicher gehaltenen Robinson-Spielplätzen.

Eine Kindergruppe am Südbahnhof auf dem Weg ins Ferienlager

Weitere Alternativen boten nur Sport – fast immer Fußball- oder Judo-Training, seltener Tennis oder Tischtennis – oder die Mitgliedschaft bei Jugendorganisationen. In Wien hieß das fast immer: Pfadfinder, seltener Jungschar und noch seltener die SPÖ-Jugendorganisation Rote Falken. Die übrigens alle noch bestehen, wenn auch stark reduziert. Einsteigende Pfadfinder waren Wölflinge, einsteigende Pfadfinderinnen Wichtel, später konnte man Späher, Rover und Explorer werden sowie einige andere abenteuerliche Namen, je nach der Pfadfinderorganisation, der man angehörte. Außerdem durfte man sich einen Pfadfindernamen aus dem Dschungelbuch von Rudyard Kipling aussuchen, in fast allen Fällen einen Tiernamen. (Meiner war „Mang". Interessierte mögen selbst googeln.)

War man Mitglied einer solchen Organisation, gab es manchmal auch Wochenendlager und natürlich das Sommerlager während der „Großen Ferien". Deren Besuch einem ein individuelles Erlebnis zwischen Kinderglück und Straflager bescheren konnte. Unkaubare

Ein Fixpunkt für fast jeden Wiener: ein Praterbesuch mindestens einmal im Jahr

und unverdaubare Marmeladebrote ohne Butter sowie bis zu einer homöopathischen Dosis verdünnten Himbeersaft gab es jedenfalls überall.

Partys für Kinder existierten so gut wie gar nicht. Maximal Faschingsfeste. Kindergeburtstage wurden im Rahmen der Familie gefeiert und das kaum. Einladungen zu solchen Geburtstagsfesten kamen erst langsam auf und waren selten. Feiern auswärts war überhaupt völlig unbekannt. Das änderte sich erst mit McDonald's – und heute gibt es kaum eine Bäckerei oder Töpferei, bei der man nicht einen Kindergeburtstag buchen kann. Auch Übernachtungen bei Freunden oder Freundinnen waren selten. Insbesondere männliche Jugendliche taten das so gut wie nie. Und weibliche meist nur bei der besten Freundin. Und praktisch ausschließlich am Wochenende.

Also: Wenn jemand heute mit in schwärmerischer Verzückung geschlossenen Augen über seine Kindheit in den Siebziger- oder Achtzigerjahren schwadroniert, glaubt ihm nicht! Er oder sie hat die endlosen Stunden der Odnis und leeren Kilometer einfach nur ausgeblendet.

Zum Schluss noch zu einem besonderen Freizeithighlight für jedes Wiener Kind: dem Praterbesuch! Mit Schiffschaukeln, Hochschaubahn samt Zwergen, Blechdosenbewerfen, Minigolf und Autodrom. Für katholische Kinder, und das waren fast alle, traditionell nach der Firmung. Wobei man sich dabei das extra schöne Firmgewand gleich schmutzig machen oder zerreißen konnte. Ebenso traditionell in vielen Familien der Praterbesuch nach der Zeugnisverteilung. Eine Tradition, die zumindest ich mit meinen Kindern bis heute fortführe.

Erdbeer, Heidelbeer, Waldbeer, Natur. Das waren alle Joghurtsorten, die man in meiner Volksschulzeit beim Meinl ums Eck kaufen konnten. Weil das alle Sorten waren, die es von Schärdiger – die in der Gegend das Milchmonopol hatten – gab. Als ich einmal in einem Passauer Supermarkt vor dem Milchregal stand, kam ich mir vor wie im Schlaraffenland. So viele Sorten! Mehr als eine einzige Marke! Ich weiß noch genau, wie meine Oma die erste Kiwi heimbrachte. Oma war essenstechnisch immer ein Early Adopter – auch den ersten Krabbencocktail verdanke ich ihr und diverse Ausflüge in die fremdländische Küche, wie ein „asiatischer" Curry mit Hühnerfilet und Ananas. Statt Kokosmilch, die es nicht gab, verwendete man Kokosette, in Wasser eingeweicht. Es war kein Erfolg. Auch weil Uncle Ben's Parboiled als Basmati-Ersatz wirklich nicht funktioniert. „Exotisch" essen gehen war eventuell griechisch oder italienisch – aber auch das war nicht schon immer so. Ich erinnere mich noch gut, als es kaum italienische Lokale in Linz gab und keine Pizzerien. Daher habe ich als kleines Kind auch Pizza vehement abgelehnt, als ich sie beim Verwandtenbesuch in Italien vorgesetzt bekam. Lustigerweise waren die Chinesen früher da – Acht Schätze und Huhn süß-sauer lernte ich relativ bald kennen. Wurden aber auch keine Family-Klassiker, die Familie blieb doch lieber bei Wurstradl und Eiernockerln. Erst Mitte der 80er-Jahre öffnete sich der Markt. Konsum, der Genossenschafts-Supermarkt, verschwand, Billa & Spar übernahmen, und plötzlich gab es in den Regalen Dinge wie Maracujajoghurt fettarm, Lattella oder Kakifrüchte, vereinzelt gar schon Sojasauce. 1984 wurde der Kornspitz erfunden – ein Sturm im Brotkörberl im Land von Semmerl, Salzstangerl und Mohnflesserl. Bis zum ersten genießbaren Sushi sollte es dann aber doch noch einige Jahre dauern.

Bananenschnitten, Kiwis und kaum Chinesen

Ernährung, Lebensmittel und seltene Restaurantbesuche

Wenn jemand an die Unterschiede zwischen den Siebziger- sowie Achtzigerjahren und heute denkt, fällt einem zumeist so etwas wie die Mode (Latzhosen, Glockenhosen) oder Musikstile ein. Oder eben die Unterschiede in der Technologie. Woran man allerdings kaum als Erstes denkt und was vermutlich nicht einmal unter den Top Drei der Assoziationen kommt, ist die Ernährung. Abgesehen von nostalgischen Erinnerungen an gewisse Süßigkeiten oder Eissorten, die es heute nicht mehr gibt.

Dabei könnte der Unterschied gerade im Bereich der Nahrung und der Kulinarik zwischen der Zeit um 1980 und heute gar nicht größer sein. Nur waren die Veränderungen hier nicht so radikal wie das Aufstellen eines Videorekorders unter oder neben dem Fernseher, sondern eher schleichend, langsam …

Beginnen wir bei etwas ganz Harmlosem, nämlich beim Angebot von Obst und Gemüse am Markt und auch schon im Supermarkt. Damals gab es nämlich so etwas, das nannte sich Saison. Erdbeeren im Winter? Fast undenkbar, außer man begab sich in eines der wenigen Spezialitätengeschäfte der Innenstadt. Außerdem war das Obst fast ausschließlich heimisch. Gerade mal Bananen, Orangen und Zitronen, dann auch Mandarinen, gelegentlich eine Ananas – frisch, nicht aus der Dose – oder Grapefruits belebten das Angebot als „Südfrüchte". Als einer der ersten Neo-Exoten kam dann plötzlich die Kiwi hinzu. Und sorgte zuerst für Irritationen. Wie sollte man das Ding essen? Schälen war eine mühsame und glitschige Angelegenheit. Doch bald erkannte ganz Wien glasklar: In der Mitte durchschneiden und auslöffeln ist das Mittel der Wahl! Es dauerte gar nicht lange, da kamen sogar eigene Kiwilöffel auf den Markt, spitz zulaufend und dezent gezahnt an einer Seite. Danach ging es schleichend, aber doch beschleunigt weiter: Mango, Papaya, Nashi, Kumquat, Passionsfrucht, Maracuja, Kaki, Guave, Karambole, Physalis und noch einige mehr … Hätte man 1980 einem Marktleiter eine Einkaufsliste mit diesen Früchten vorgelegt, er hätte kaum welche davon lagernd gehabt oder auch nur gekannt.

Ähnliches geschah auch beim Gemüse, wenn auch weniger massiv. Plötzlich tauchten Avocados auf und wurden rasch als verzehrtechnisch den Kiwis gleich erkannt und gelöffelt (am besten mit einer Prise Salz und eventuell ein wenig Knoblauchpulver – persönlicher Tipp des Autors). Ebenso Artischocken, die man bestenfalls vom Italienurlaub oder entblättert aus der Dose kannte. Auch hier bedurfte es ein wenig Kopfkratzens, bis die ideale Zubereitung gefunden wurde. Melanzani und Zucchini waren in den Siebzigern als Frischware ebenfalls noch relativ neu. Ebenso Brokkoli, der sich nur langsam neben dem klassischen Karfiol etablieren konnte, damals noch ganz klassisch und in Grün und nicht wie heute in diversen Farben oder seltsam geformt wie Romanesco.

Neu auf dem Speiseplan: Avocados

Salat war ebenfalls grün, manchmal gelb, jedenfalls definitiv nicht lila, Kartoffeln waren nicht süß, und Pak-Choi oder Yamswurzeln kannte man bestenfalls aus Abenteuerromanen.

Apropos Kartoffeln: Die hießen damals in Wien noch flächendeckend Erdäpfel, an manchen Marktständen vielleicht sogar Grundbirn. Und Tomaten – übrigens immer etwa faustgroß, definitiv nicht im Miniformat und schon gar nicht an Rispen – hießen generell noch Paradeiser. Das hat sich geändert, und auch bei manchen anderen Obst- und Gemüsesorten hat sich seit damals einiges in der Benennung verschoben. Zum Beispiel heißen Ananas-Erdbeeren mittlerweile Erdbeeren, und Erdbeeren heißen Walderdbeeren. „Ananas" zu sagen ist übrigens keine (ost-)österreichische Eigenheit, lautet der botanische Name der größeren Variante doch tatsächlich „Fragaria ananassa". Aber immerhin heißen Melanzani bei uns immer noch Melanzani und nicht Auberginen oder Eifrucht und Grapefruit nicht Pampelmuse. Einen bedauerlichen Ausreißer stellen hier allerdings die Kohlrabi dar. Kohlrabi heißen auf Hochdeutsch (und sogar Englisch) nämlich … Kohlrabi. Allerdings begannen schon vor ein paar Jahrzehnten übereifrige Wiener Marktstandler, den vermeintlichen Dialektausdruck auszumerzen und ihre

Was ist richtig: Kohlrabi oder Kohlrübe?

Kohlrabi als „Kohlrüben" anzubieten. Obwohl Kohlrüben tatsächlich eine vollkommen andere Gemüsesorte darstellen, die hauptsächlich als Tierfutter verwendet wird. Dieser vorauseilende sprachliche Gehorsam hat es mittlerweile sogar in Wikipedia geschafft – Zitat: „Der Kohlrabi (Brassica oleracea var. gongylodes L.), auch Oberkohlrabi, Oberrübe, **Kohlrübe (Wien)**, Rübkohl (Schweiz), Stängelrübe und Luftkohlrabi ist eine Gemüsepflanze." Was mir ob der unsagbaren Blödheit der Verkettung der Ereignisse tatsächlich körperliche Schmerzen bereitet.

Gegessen wurde grundsätzlich zu Hause. Und zwar Selbstgekochtes und nicht vom Lieferdienst Geliefertes. Letzteres vor allem deshalb, weil es keine Lieferdienste gab. Außer man war krank oder besonders reich und ließ sich das Essen direkt von einem Restaurant oder Wirtshaus zustellen. Der Speisezettel bestand fast durchgehend aus einer Kombination aus Nudeln, Reis oder Kartoffeln sowie verschiedenen (heimischen) Gemüsen oder Pilzen (oft selbst gepflückt), fast immer als Beilage zu Fleisch – in erster Linie vom Schwein, gefolgt von Huhn und Rind. Seltener und meist nur zu bestimmten Anlässen Ente, Gans, Lamm oder Wild. Dazu gesellte sich als relativer Neuzugang der Truthahn, auch Pute genannt, jedenfalls als Nahrungsmittel für die breitere Bevölkerung. Fleisch, als Schnitzel, am Knochen oder faschiert, schien generell unverzichtbar, wohl noch eine Nachwirkung einerseits der Kriegs- und andererseits der Wirtschaftswunderzeit. Abgesehen von Freitag, wo aus irgendwelchen pseudo-religiösen Gründen, die aber kaum jemand freihändig erklären hätte können, Fisch serviert wurde. Ab und zu gab es Bemühungen, zu mehr Gemüse zu raten, etwa durch den von Iglo gesponserten Fernsehkoch, der den Donnerstag als Spinattag etablieren wollte. Apropos Iglo: Tiefkühlgemüse war damals genauso neu wie ausreichend große Tiefkühlfächer in Kühlschränken, die zuvor – falls überhaupt vorhanden – hauptsächlich zur Herstellung von Eiswürfeln dienten. Von Tiefkühlgerichten ganz zu schweigen, die sich damals ebenfalls als Novität erst langsam und vor allem zuerst in Form von Tiefkühlpizza einnisteten – „Pietro Pizzi" sang dazu im Werbefernsehen von Artischocken und Schinken, die vom Pizzaboden winken.

Die Gerichte waren also mit wenigen Ausnahmen heftig, deftig und bodenständig. Oder auch einmal süß. In Form von Palatschinken (Topfen-, Marmelade-, Schokolade-), Knödeln (Topfen-, Obst-, Germ-), gebackenen Mäusen, Bröselnudeln, Scheiterhaufen und einigem mehr. Eine typisch

Süße Hauptspeisen wie der Germknödel sind eine typisch österreichische Eigenart.

wienerische bzw. österreichische Tradition, denn süße Hauptspeisen gibt es sonst nicht sehr oft auf der Welt.

Wollte man es etwas exotischer, orientierte man sich, abgesehen von ungarischem Gulasch und jugoslawischen Cevapcici, in erster Linie Richtung Italien: Spaghetti Bolognaise/Bolognese beziehungsweise „Pastaschutta" (Pasta Asciutta), die übrigens in Italien ganz anders heißen und nur in einer verwandten Varietät als „Pasta Ragù" oder „Ragù alla bolognese" bekannt sind, waren hier das Mittel der Wahl. Später kam auch noch der eine oder andere Versuch, aus eigenem Hefeteig etwas Pizzaähnliches herzustellen, jedenfalls erinnere ich mich an derartige Versuche meiner Mutter (seit Tiefkühlpizza und Pizzalieferdiensten wagt diesen Versuch jedenfalls kaum mehr wer). Wer sich einen Hauch französisch geben wollte, servierte statt banalem Wiener Schnitzel chic Pariser Schnitzel oder „Cordon bleu".

Was damals ebenfalls noch recht häufig auf den Tisch kam, waren diverse Innereien, die in Wien traditionell gerne gegessen wurden. Und zwar nicht nur Leber, gebacken oder gebraten, sondern auch „G'röste Nierndln", Beuschl (Lunge), Hirn mit Ei, Milzschnitten, Blunzn (Blutwurst), Rinderzunge, Lungenstrudel, Hühnerherzen … sowie „Äußereien" wie Ochsenschlepp (Schwanz), Schweineohren oder Ochsenmaulsalat. Heute erscheint fast alles davon leicht befremdlich, und Liebhaber desgleichen finden so etwas nur noch sehr selten und auf wenigen Speisekarten in Wien. Dabei ist nichts davon ernährungstechnisch irgendwie grauslicher als Muskelfleisch. Und wenn man sich schon dazu entschließt, ein Tier zu töten, um es zu essen, sollte man ihm doch wenigstens den Anstand erweisen, es ganz zu verzehren.

Modische kulinarische Highlights rund um 1980 umfassten Bananenschnitten (die gerade wieder eine Renaissance erleben), Toast Hawaii, Shrimpcocktails, Französische Zwiebelsuppe (Suppe, in der ein mit Käse überbackener Toast plus Zwiebelstreifen schwimmt), Fondue (Öl, seltener Käse oder Suppe) und Beef Tartare. Rohes Fleisch schien durchaus akzeptabel, vermutlich weil es Fleisch war. Roher Fisch dagegen – Stichwort Sushi – kam den meisten Menschen damals allerdings völlig abartig vor, und man schüttelte nur den Kopf, wenn man hörte, dass Menschen in Japan so etwas aßen. Wie primitiv!

Womit wir bei den Dingen angelangt sind, die es damals nicht gab. Kurz: internationale Küche. Bis tief in die Siebzigerjahre hieß ausländisch essen gehen der Besuch einer Pizzeria beziehungsweise italienischer Restaurants, die damals in Wien auch noch tatsächlich mehrheitlich von Italienern geführt wurden. Dazu verschlug

Mitte der 1970er-Jahre begannen die Restaurants internationaler zu werden.

Zwar in München gegründet, aber bald auch in Österreich beliebt: die Wienerwald-Restaurants

es vielleicht den einen oder anderen in einen Balkangrill, der österreichischen Küche kulinarisch durchaus einigermaßen nahe. Besonders Mutige trauten sich sogar in eines der langsam entstehenden Chinarestaurants, obwohl anfangs heftig gemunkelt wurde, die würden dort Hunde verkochen! Gerichte wie süß-saures Schweinefleisch fanden jedoch schon bald in die Herzen der Wiener, und das undefinierbare scharfe Zeug am Tisch zu kosten galt als Mutprobe. Noch unauffindbarer waren indische Lokale, und der Normalbürger konnte sich nicht einmal vorstellen, was es dort überhaupt zu essen geben könnte. Als Durchbruch kann hier die Falter-Buchserie „Wien, wie es isst" bezeichnet werden. Auf einmal gab es eine Auflistung diverser kleiner fremdländischer Lokale in diversen obskuren Seitengassen, die Mutige und Interessierte neugierig aufsuchen konnten.

Tatsächlich wurde aber insbesondere in den Siebzigerjahren noch sehr wenig auswärts gegessen. Aus Kostengründen und auch, weil das einfach nicht üblich war. Vielleicht am Sonntag in ein Gasthaus, bei einem Geburtstag oder einer sonstigen Feier oder mittags für Büroangestellte. Dazu gelegentlich eine Fahrt zum Heurigen, etwa nach einer Wanderung, oder nach dem jährlichen Praterbesuch ins Schweizerhaus. Eine der wenigen Ausnahmen stellte dabei die Kette „Wienerwald" dar. Die erste derartige Restaurantkette überhaupt, die zwar in München gegründet worden war, aber bald gerne auch von Wiener Familien frequentiert wurde, um dort Backhendl und Wiener Schnitzel auf damals noch ungewohnten Papierunterlagen zu verzehren. Inklusive Materialien zur Kinderbespaßung, damals auch neu und kein unwesentlicher Pullfaktor.

Doch auch hier kam es bald zu einer noch erderschütternderen Zeitenwende. Fast Food, insbesondere McDonald's, eroberte Österreich. Zwar war der Wiener dem Fast Food schon zuvor nicht abhold, Stichwort Frankfurter Würstchen (neuerdings auch als Hotdog) und Burenhäutl oder Duran-, Tauber- und natürlich Trzesniewski-Brötchen, aber das Angebot an schnellem und in der Hand zu verspeisendem „fast schon Food" schwappte unerwartet schnell über die Bundeshauptstadt. Ich erinnere mich noch genau, wie ich mit großen Augen staunend die ersten Pizzaschnitten (stückweise verkauft!) am Schwedenplatz beäugte und bald darauf eifrig konsumierte. Der erste McDonald's eröffnete in Wien am Schwarzenbergplatz, quasi gleich hinter meinem Gymnasium, und war natürlich sofort ein Magnet für alle Schüler. Und sei es nur, weil man anfangs für das Aufsagen von „ZweiLagenreinesRindfleischSpezialsauceSalatEssiggurkenKäseZwiebelnineinemgetoastetenSesambrötchendasistMcDonald'sBigMäc" in einer gewissen, vom Personal gestoppten Zeit ein Cola gratis bekam. Langsam überwanden auch die erwachsenen Wiener ihre Hemmungen und betraten den amerikanischen Invasor, natürlich nur „wegen der besonders guten Pommes Frites". Mit der Zeit mauserte sich McDonald's Österreich zu einem Vorreiter für den gesamten Konzern, einiges wurde hier zuerst eingeführt beziehungsweise ausprobiert. Etwa Kartonboxen statt Styropor (weshalb so mancher heute gerne zum „Schachtelwirt" geht) oder später das Konzept des McCafé. Die Marktbeherrschung des großen gelben M sorgte für lange Zeit dafür, dass sämtliche Konkurrenz schnell wieder verschwand oder es gar nicht erst versuchte.

Der erste McDonald's in Österreich eröffnete 1977 im Parterre des Palais Wertheim am Schwarzenbergplatz in Wien.

So nahm der erste Anlauf von Burger King in Österreich rasch ein unrühmliches Ende. Subway's oder KFC hatten und haben es schwer. PizzaHut scheiterte phänomenal. Auch dem Experiment einer österreichische Burgerkette – „Köstli" genannt – war nur ein kurzes Leben beschert. Trotz Erweiterung um deren legendäre Bosna. Immerhin existiert heute noch eine Köstli-Fans-Seite inklusive Merchandise! Erfolgreicher war eine andere Art heimischer Fast-Food-Lokale, die es allerdings nur selten zu vielen Filialen brachten. Erkennbar sind sie daran, dass sie alle irgendwas mit Schnitz(e)l heißen: -platzl, -land, -haus … Noch später, erst irgendwann Ende der Achtziger-, Anfang der Neunzigerjahre, begann der bis heute anhaltende Siegeszug des Kebab, für das man anfangs sogar weite Fahrten in Kauf nahm, um es an den wenigen Stellen zu ergattern, wo sich der typische Spieß schon drehte. Und sogar Sushi begann sich dann trotz aller Skepsis langsam durchzusetzen.

Damit auch die Sojasauce. Denn was Wien und Österreich und Gewürze betrifft: Auch da gab es deutlich Luft nach

Bensdorp-Schokolade war in aller Munde.

oben und schließlich eine sich ständig beschleunigende Evolution. In einem typischen Gasthaus der Siebzigerjahre bekam man Salz und Pfeffer, eventuell noch Paprikapulver. Und Maggi. Zu manchen Gerichten wurde Senf und/oder Kren gereicht. Ketchup musste man am Anfang immer noch extra dazu bestellen und wurde dafür oft schief angeschaut. Denn zum klassischen Schinken-Käse-Toast im Kaffeehaus Ketchup zu verlangen war anfangs ein echtes No-Go und man musste dafür extra zahlen. Olivenöl war exotisch, ebenso Balsamicoessig. Überhaupt hatte man bei den Ölen im Supermarkt eigentlich nur die Wahl zwischen Sonnenblumen-, Raps- und vielleicht Maiskeimöl und beim Essig zwischen Apfel- und Hesperiden-. Letzterer wird übrigens nicht aus Hesperiden hergestellt, das sind nämlich griechische Nymphen, sondern aus Weingeistessig. Sogar steirisches Kernöl war in Wien selten. Im großen Ganzen war der Mangel an unterschiedlichen und unterschiedlich schmeckenden Ölen und Essig aber wurscht beziehungsweise blunz'n, weil der typische Wiener Salat zwar mit Essig und Öl zubereitet, dieser hernach aber zu Tode gezuckert wurde.

Apropos Zucker: Kaum etwas macht Menschen so nostalgisch wie die Erinnerung an Süßigkeiten, die man als Kind genossen hat. Und so mancher seufzt auch heute noch gerne in Online-Foren über die verlorenen Genüsse der Kindheit. Und reagiert extrem überrascht, wenn er durch einen Kommentar herausfindet, dass viele von diesen eigentlich heute noch tatsächlich erhältlich sind! Etwa Bobby-Riegel, Manja, Swedy oder Bensdorp-Schokolade. Wenn Letztere auch nicht mehr in den kleinen, einzeln verpackten Rippen, je nach Jahr und Inflation mit dem Preis von zehn Groschen bis zwei Schilling bedruckt, die es auch in eigenen Automaten gab und deren Schleifen man aus irgendwelchen Gründen sammeln musste, weil man dafür angeblich irgendetwas bekam oder irgendwer einen Rollstuhl. Schwerer zu finden sind heute Bazooka-Kaugummis, aber man bekommt sie noch in Geschäften mit ausländischen Süßigkeiten. Andere wurden durch inhaltsgleiche Süßigkeiten anderer Marken verdrängt, etwa Bonitos und Treets durch M & Ms, oder inhaltlich verändert, etwa Milky Way, dessen

Paul Stanley und Gene Simmons von KISS witzeln 1985 mit einer Packung Treets.

Füllung ursprünglich milchig hell und nicht kakaobraun war. Ob sie allerdings tatsächlich so leicht waren, dass sie sogar auf Milch schwammen und man sie auch vor dem Essen essen konnte, wie es die Werbung versprach, wagte ich allerdings nie auszuprobieren.

Nur wenige Dinge sind tatsächlich wirklich verschwunden, wie „Leckerschmecker", auch als „Drei Musketiere" bekannt. Wer allerdings Gusto darauf verspürt, kann nach England fliegen und dort das Original („Curly Wurly" von Cadbury) erwerben. Auch essbare Kaustreifen, so etwas wie Maoam heute oder damals Sugos, nur flach und verpackt wie Wrigley's, findet man heute nicht mehr. Neben Fruchtaromen gab es diese manchmal auch mit Erdnussbuttergeschmack. Für mich damals eine Offenbarung, denn Erdnussbutter gab es natürlich auch noch nicht. Oder nur selten und nur eine einzige Sorte, die ziemlich seifig schmeckte.

Besonders gemein waren übrigens die Werbungen für Süßigkeiten in Comicheften. Die Hefte stammten alle aus Deutschland, und dort gab es natürlich Süßigkeiten, die es bei uns (noch) nicht gab. Duplo, Hanuta oder das Langnese-Eis „Brauner Bär" mit dem Karamellkern waren genauso unerreichbar wie die Tigerboy-Schuhe samt eingeritztem Tigerkopf im Absatz, mit denen man angeblich bedrohliche Spuren hinterlassen konnte.

Was tatsächlich regelmäßig verschwand und Jahr für Jahr für lange Gesichter sorgte, waren spezielle Eissorten. Im Gegensatz zu heute, wo ein unüberblickbares Sammelsurium unterschiedlicher Anbieter ein mehr oder weniger friedvolles Zusammensein in einer gemeinsamen Kühlbox fristen, waren die Eisfronten damals hart und getrennt. Im Wesentlichen Eskimo versus Schöller. Wobei in Wien eindeutig Eskimo dominierte.

Schöller kannte man eher von Besuchen in anderen Bundesländern und manchen Bädern. Wenn im späten Frühjahr oder frühen Sommer die neue Eskimo-Eiskarte herauskam und in Geschäften aufgehängt wurde, versammelte sich rasch eine neugierige Schar, um Folgendes zu begutachten und zu diskutieren: Was gibt es Neues? Ist meine Lieblingssorte noch da? Und sind die Preise schon wieder gestiegen? Letzteres konnte man besonders gut am Brickerl beobachten, das rasant von 50 Groschen auf einen Schilling stieg, dann auf 1,50 … Die Enttäuschung darüber, wenn sich eine geliebte Eissorte auf immer verabschiedete, etwa die diversen Paiper-Sorten, die Zitroneneiszitrone (in Plastikzitrone) und Erdbeereiserdbeere

Auf den Eskimo-Eiskarten fand man alles, was das Herz begehrte.

(in Plastikerdbeere) oder Enterprise, später aus Copyrightgründen Commander genannt. Da tröstete es wenig, dass manche Sorten wie Jolly (1967), Twinni (1969) oder Nogger (in Deutschland seit 1968) durchgängig angeboten wurden und werden und inzwischen ein Alter erreicht haben, das etwa dem Durchschnittsalter der Leser und Leserinnen dieses Buch entsprechen dürfte. Aber auch hier mussten herbe Verluste eingesteckt werden, denn Spin-off-Produkte wie der Rum-Kokos-Nogger war meist nur ein kurzes Leben in der Kühlbox beschert.

Aus Copyrightgründen wurde das Enterprise-Eis später in Commander umbenannt.

Welche Macht diese Sehnsucht der Erinnerung hat, zeigte sich in Österreich rund um die Jahrtausendwende. Im Zuge des Bucherfolges „Wickie, Slime und Paiper", der einige gesamtgesellschaftliche Auswirkungen hatte, die ich hier alle gar nicht aufzählen kann, führte eine der ersten Online-Petitionen Österreichs dazu, dass Eskimo sich tatsächlich dazu aufraffte, ein Retroeis auf die Eiskarte zu setzen. Dazu war nicht nur nötig, das kann ich als Zeitzeuge berichten, zuerst das kopfschüttelnde Einverständnis des Mutterkonzerns in den Niederlanden einzuholen, sondern man musste auch erst nach dem alten Rezept fahnden und die Produktion der Plastikröhren plus Papierstaberl erst wieder in die Wege leiten. Eine schon lange im Unternehmen befindliche Dame namens Lecker (!) wurde in Großenzersdorf damit beauftragt, die Rezeptur möglichst originalgetreu zu rekonstruieren. Da ich damals an dem Buch und nachfolgendem Hype beteiligt war, bekam ich als einer der Ersten einige der Paiper-Prototypen per Botendienst in einer Tiefkühlbox geliefert, um sie sodann bei unseren kabarettistischen Lesungen des Buchs, auch bekannt als „Wickie, Slime und Paiper"-Bühnenshow in der Pause unter staunenden und gierig zupackenden Zuschauern und Zuschauerinnen zu verlosen. Das Eis schaffte es infolge für eine Weile auf die aktuellen Karten, und die Idee, ab und zu eine Retro-Eissorte aufzunehmen, wurde schließlich vom ganzen Konzern in verschiedenen Ländern von Deutschland bis Italien erfolgreich nachgeahmt.

Noch etwas, das damals anders war: War jemand Allergiker, dann hieß das, er hatte Heuschnupfen. Selten vertrug er keine Nüsse oder Erdbeeren. Vegetarier galten als Sonderlinge oder sogar verdächtig – war nicht Hitler Vegetarier gewesen? – und eine vegetarische Ernährung als ungesund. Kurz, jeder aß mehr oder weniger alles. Natürlich hatte stets die eine oder andere Mode-Diät Saison (z. B. die Kartoffeldiät), aber dabei ging es fast immer nur ums Abnehmen. Nahrungsmittelunverträglichkeiten kannten die meisten nur vom Hörensagen. Mit Worten oder Konzepten wie vegan, keto, paläo, laktosefrei oder Intervallfasten hätte man damals nur Unverständnis oder Kopfschütteln geerntet.

Wobei – das stimmt nicht ganz, eigenartige Nahrungstrends gab es immer schon, rund um 1980 waren etwa zeitweise „Rohköstler" en vogue. Aber spezielle Ernährungsweisen waren eindeutig ein Minderheitenprogramm und nicht, pardon, in aller Munde.

Auch Müsli kam damals auf und begann langsam den bereits vorhandenen Cornflakes (ausschließlich von Kellogg's und nur in wenigen Sorten, dafür mit mitverpacktem Plastikspielzeug) Konkurrenz zu machen. Obwohl die allerersten Konsumenten von anfangs meist selbstgeschrotetem Getreide als „Körndlfresser" verspottet wurden. Knäckebrot war entweder trockenes, bröseliger Wasa oder (Feldbacher) Zwieback, bevor FinnCrisp und Leicht & Cross den Markt aufrollten.

Die korrekte Benutzung der glücklicherweise nur kurz verfügbaren Milchbeutel

Bestrichen mit der neuen Trendmargarine Rama im runden Plastikbecher.

Apropos: Auch viele Gebinde änderten sich. Insbesondere bei Getränken. Dominierte früher Glas, wurden Getränke und andere Flüssigkeiten zunehmend in Plastikflaschen oder Tetra Paks verkauft. Eine kurze und unrühmliche Erscheinung vor den Tetra Paks war Milch in verschweißten Plastiksackerln. Das war genauso dämlich, wie es klingt. Um sie benutzen zu können, musste man sie zu Hause in spezielle Kannen oder ähnliche Behälter tun und ein Eck abschneiden. Was meist zu einem Milchschwall führte. Und die Böden der Supermärkte waren täglich übersät mit Milchlacken. Erst als ein Vertreter des Handels im Fernsehen (in der Sendung „Wir") live katastrophal dabei scheiterte zu zeigen, wie einfach und praktisch dieses Gebinde war, verschwand es rasch wieder.

Damals erstmals auf dem Markt: alkoholfreies Bier, wobei dessen erste In-

Getränkedosen erfreuten sich immer größerer Beliebtheit: Die dänische Sängerin Gitte Haenning posiert 1973 mit einer Dose Lift-Limonade.

karnation Birell derartig grauslich war, dass es schnell wieder aus den Regalen verschwand.

Getränke in Dosen wurden ebenfalls immer populärer. Insbesondere Softdrinks. Wobei die ersten Laschen zum Öffnen noch ganz herausgerissen wurden (Ring-Pull-System) und aufgrund ihrer scharfen Kanten gar nicht so ungefährlich waren. Dafür konnte man die abgebrochene Lasche mithilfe des abgebrochenen Rings ziemlich weit durch die Gegend schnippen. Gerade in Sachen Limos entstanden damals auch einige, manchmal nur kurzfristig erfolgreiche Neuerungen. Als Konkurrenz zur Schartner Bombe, zum Kracherl und Cappy gab es nicht nur Cola, Fanta und Sprite sowie kurzfristig auch MezzoMix und AfriCola, sondern auch die Lift-Familie. Diese bot neben Zitrusaromen auch das ominöse Kräuter-Lift, das als Konkurrenz zum heimischen Almdudler gedacht war. Eine der wenigen Niederlagen, die der Coca-Cola Konzern jemals hinnehmen musste.

Zum Abschluss noch etwas Hochprozentigeres: 1985 brach der sogenannte Glykol-Weinskandal über Österreich herein. Damals wurde nämlich aufgedeckt, dass einige österreichische Winzer ihre Weine neben erlaubtem Zucker auch mit nicht erlaubten Chemikalien, teilweise Frostschutzmittel, geschmacklich aufgepeppt hatten. Der Skandal führte kurzfristig zum Einbruch des Exports heimischer Weine, damals meist minderqualitativer Tafelweine. Mittelfristig jedoch zu einem der strengsten Weingesetze der Welt, was wiederum langfristig Österreich heute einen internationalen Ruf als Herkunftsland ausgezeichneter und preisgekrönter Spitzenweine einbrachte. Die nachhaltige Bestätigung der typischen schulterzuckenden Wiener Redewendung „Wer waaß, wofür's guad is."

Schloßgold schmeckte nicht mehr ganz so scheußlich wie der Vorgänger Birell.

1974–1979: „Morgengymnastik mit Ilse Buck“, die Vorturnerin der Nation, eines meiner Vorbilder. Ich habs geliebt und mitgeturnt! „Arme beugen und strecken ... Das genügt jetzt erst einmal.“ Ich habe infolge viele Kassetten mit solchen Anleitungen von mir selbst aufgenommen und mit Freundinnen geturnt und getanzt und dann ... bin ich Tanzpädagogin und Mentaltrainerin geworden.

Lauda, Klammer, Fit-mach-mit

Sportlegenden und Breitensport

Sport in Wien um 1980 und Sport heute unterscheiden sich nicht so gravierend wie viele andere Lebensbereiche. Aber natürlich gibt es doch einige Besonderheiten und Unterschiede.

Was den Publikums- oder Zuschauersport betrifft, hat sich vermutlich am wenigsten geändert. Fußball war damals die Nummer 1, Fußball ist heute die Nummer 1, am stolzesten waren wir damals auf unsere Skifahrer und Skifahrerinnen, am stolzesten sind wir heute auf unsere Skifahrer und Skifahrerinnen. Verändert hat sich dennoch so manches. Etwa die Möglichkeit, Sport flächendeckend und rund um die Uhr über Fernsehen und andere Kanäle zu verfolgen. Damals musste man, wenn man sportbegeistert war, darauf hoffen, dass der ORF das entsprechende Skirennen, das wesentliche Fußballmatch, national oder international, den wichtigen Grand Prix , das aktuelle Grand-Slam-Turnier oder Teile der Tour de France auch tatsächlich übertrug oder zumindest ausführlich in einer der Sportsendungen zusammenfasste.

Kein Wunder, dass damals noch viel mehr Leute regelmäßig in die Fußballstadien pilgerten, um sich die Spiele live anzuschauen. Nicht nur wegen des Gefühls, tatsächlich dabei zu sein, sondern auch, weil es sonst gar keine Möglichkeit gab, die Leistungen der eigenen Lieblingsmannschaft, vor allem regionalen, zu verfolgen. Das änderte sich alles nach 1980 mit Kabel- und Satellitenfernsehen, beide mit eigenen Sportkanälen. Außerdem führte die Einführung des Privatfernsehens dazu, dass die Senderechte an wichtigen Sportereignissen auf einmal auf dem freien Markt gehandelt wurden und tatsächlich auch immer wieder bei privaten Anbietern landeten.

Stichwort Fußball: Dafür, den Aufstieg und Fall von heimischen Fußballvereinen über Jahrzehnte zu schildern, fehlt hier der Platz, jedenfalls dominierten die gesamten Siebziger- und Achtzigerjahre hindurch im Wesentlichen die zwei Wiener Traditionsvereine Austria (damals, als Tabakwerbung noch nicht verboten war und Sport und Zigarettenkonsum keine Gegensätze waren, lange Zeit Austria Memphis) und Rapid das Geschehen – abgesehen von ein paar Spielverderber-Meistertiteln unbeugsamer Tiroler Vereine. Salzburg hatte damals noch niemand auf der Liste, unter anderem deshalb, weil der Energy-Drink Red Bull erst 1987 eingeführt wurde.

Die internationalen Erfolge unserer Fußballer, oder besser deren Ausbleiben, stellen ja in gewisser Weise seit Jahrzehnten ein nationales Trauma dar. Gerne wird deshalb auch heute noch davon erzählt, dass Österreich in den Dreißigerjahren mit dem sogenannten Wunderteam knapp vor dem Titel des Weltmeisters stand, hätte, ja hätte nicht Hitler Österreich okkupiert und die österreichischen Vereine gleich mit einverleibt. Als kleine Rache wurde Rapid Wien bereits 1938 deutscher Pokalsieger und im Jahr 1940/41 deutscher Meister. Immerhin. Natürlich gab es auch in den Fünfziger- und Sechzigerjahren den einen oder anderen Erfolg, aber erst die Siebzigerjahre brachten eine Art kleines neues Wunderteam zustande. Namen wie Hans Krankl, Bruno Pezzey, Herbert Prohaska, Walter Schachner, Robert Sara, Josef Hickersberger und Torwart Friedl Koncilia, fast durchgehend Herren mit schmuckem Schnurr-

Fußball-WM 1978: Hans Krankl auf dem Weg zum 3:2!

Edi Finger junior kommentierte das WM-Spiel der österreichischen Nationalmannschaft gegen Deutschland.

bart, waren jedem vom Kindergartenkind bis zum Pensionisten bekannt und wurden stets ehrfurchtsvoll ausgesprochen. Den Höhepunkt, ja den ultimativen Mythos des österreichischen Fußballs, stellte dann natürlich die Teilnahme bei der Weltmeisterschaft in Argentinien 1978 dar, wo Österreich in die zweite Runde aufstieg und dort legendärerweise in Córdoba Deutschland aus dem Spiel kickte. Allerdings muss man dazu sagen, dass es, was die Platzierung betraf, ein völlig unnötiger Sieg war. Österreich wurde dennoch vierter in der Gruppe und verhinderte einfach nur das Weiterkommen der Deutschen. Jedoch: Man hatte den Erzrivalen besiegt! Den übrigens nur einseitig wahrgenommenen Erzrivalen. Denn die Erzrivalen aus deutscher Sicht sind in der Nahrungskette des internationalen Fußballs einige Stufen höher angesiedelt. Dennoch hallen die Worte des damaligen Sportreporters Edi Finger junior zum Siegestor noch heute fast jedem Österreicher im Ohr: „Da kommt Krankl (…) in den Strafraum – Schuss … Tooor, Tooor, Tooor, Tooor, Tooor, Tooor! I wer' narrisch. Krankl schießt ein – 3:2 für Österreich! Meine Damen und Herren, wir fallen uns um den Hals; der Kollege Rippel, der Diplom-Ingenieur Posch – wir busseln uns ab. 3:2 für Österreich durch ein großartiges Tor unseres Krankl. Er hat olles überspielt, meine Damen und Herren. Und warten S' noch ein bisserl, warten S' no a bisserl; dann können wir uns vielleicht ein Vierterl genehmigen. (…) Jetzt hammas gschlagn!" Ja, diese Passage steht sogar wörtlich als Zitat im Wikipedia-Eintrag zur österreichischen Fußballnationalmannschaft. Diesem einmaligen Ereignis vor über 40 Jahren gedenkt heute auch der von der Edi-Finger-Straße erreichbare Córdoba-Platz in Floridsdorf, der, wie ich immer gerne dazusage, allerdings eine Sackgasse ist. Danach flauten die Erfolge österreichischer Fußballer langsam wieder ab und gerade einmal ein Toni Polster brachte infolge als österreichischer Kicker in den Achtzigerjahren noch so etwas wie internationalen Glanz und Glamour in die fußballbewusste Öffentlichkeit. Nicht zuletzt aufgrund einer gewissen Extravaganz und Sangesfreudigkeit.

Das Dilemma österreichischen Sports unterscheidet sich heute nicht sehr vom damaligen. In Sportarten, auf die die Welt schaut, rangieren wir meist eher unter „ferner liefen". Und den Sportarten, in denen wir Topstars stellen, wird international meist

Rasant dem Olympia-Gold entgegen: Annemarie Moser-Pröll am 17. Februar 1980 in Lake Placid

nicht so viel Beachtung geschenkt. Und weil wir gerade vom Skifahren sprechen: Große Skistars gab es in Österreich in allen Jahrzehnten. Eine der größten der damaligen Zeit war allerdings zweifellos Annemarie Moser-Pröll, deren Siege hier aufzuzählen den Rahmen sprengen würde. Legendär auch ihr Auftritt im Werbefernsehen, wo sie die „Fleckerle", die ihr Herbert sich aufs „Leiberle g'macht hat", mit Pro-Dixan bekämpfte. Die Liste der weiteren Skistars dieser Zeit von Walcher über Grissmann bis Weirater und Stock ist lang. Auch ein gewisser Hansi Hinterseer mischte auf den hinteren oberen Rängen mit. Aber der größte Star der Zeit war zweifellos Franz Klammer mit seinem alles krönenden Sieg in der Abfahrt bei den Olympischen Spielen 1976 in Innsbruck. Für dieses Rennen, so will es die Legende, gaben sogar manche Schulen ihren Schülern frei, damit sie es zu Hause vor dem Fernseher verfolgen konnten.

Überhaupt war das beinahe sklavische Verfolgen von Skirennen, insbesondere Abfahrten, an jedem Wochenende in der Wintersaison eine für viele Österreicher fast schon religiöse Praxis. Die Zeit, in der Österreicher auch in anderen Winterdisziplinen ganz vorne mitmischen sollten – Stichwort Skisprung und Langlauf – kam allerdings erst ein wenig später.

Apropos sklavisches Verfolgen: Das taten viele Motorsport-Fans auch bei jedem Formel-1-Grand-Prix, etwas, das ich nie ganz verstanden habe. Natürlich habe ich mir auch immer wieder welche angeschaut, denn Fernsehen war schließlich Fernsehen, aber im Endeffekt tut sich, wenn man ehrlich ist, bei diesen Rennen eigentlich stundenlang meistens nichts. Dennoch gab damals es vor allem einen Grund, sich das motordröhnende Im-Kreis-Fahren anzusehen, und das war Niki Lauda, legitimer Nachfolger des 1970 tödlich verunglückten Jochen Rindt. Lauda wurde 1975 Weltmeister, 1976 folgte der katastro-

Formel-1-Pilot Niki Lauda 1975, dem Jahr, in dem er zum ersten Mal Weltmeister wurde

Peter Seisenbacher jubelt nach seinem Sieg im Judo-Mittelgewicht bei den Olympischen Spielen in Los Angeles im Sommer 1984.

phale Unfall, den er nur knapp überlebte, dennoch wurde er schon 1977 wieder Weltmeister und dann noch einmal 1984. Eine österreichische Sportlegende, wie sie im Buche steht. Dabei war der fleißige Tüftler Lauda alles andere als der Stoff, aus dem die Helden gemacht sind. Während sein lange Zeit größter Konkurrent James Hunt mit Frauen und Alkohol feierte, stand Lauda in der Werkstatt und überprüfte jede Schraube oder studierte jeden Meter der Rennstrecke. Ein emsiger Arbeiter, aber irgendwie ein langweiliger Superstar. Weshalb er in dem ihm gewidmeten Biopic „Rush" auch von Daniel Brühl gespielt wurde und sein Konkurrent James Hunt von Chris „Thor" Hemsworth. Nach Lauda spielte auch noch Gerhard Berger eine gewisse nicht unbedeutende Rolle im Formel-1-Zirkus.

Ansonsten waren die internationalen Erfolge österreichischer Sportler schon damals spärlich gesät. Gerade mal die Olympia-Goldmedaille im Dressurreiten von Elisabeth Theurer und das zweimalige Olympiagold in Judo von Peter Seisenbacher stechen da hervor. Vielleicht erinnert sich auch der eine oder andere noch an die Olympia-Bronzemedaille von Ilona Gusenbauer im Hochsprung. In den Achtzigerjahren startete außerdem die Tenniskarriere von Thomas Muster. Was diesem Sport in Österreich eine erhöhte Aufmerksamkeit und infolge weitere Topathleten einbrachte. Denn natürlich wanderte und wandert der Fokus der öffentlichen Aufmerksamkeit auf bestimmte Disziplinen immer mit den Erfolgen heimischer Sportler mit.

Was sich natürlich stets auf die eigene sportliche Betätigung auswirkte. Wobei Sport bis in die Siebzigerjahre in erster Linie Sportlern vorbehalten war. Darunter verstand man sowohl Profisportler als auch Zeitgenossen, die eben gerne Sport betrieben. Die Durchschnittsbevölkerung dagegen betrieb keinen Sport. Jedenfalls nicht regelmäßig. Ja, man ging Skifahren, aber das war von der körperlichen Anstrengung her mit den immer besser ausgebauten Liftanlagen nicht wirklich anspruchsvoll. Auch nicht das Drehen einiger gemächlicher Runden beim Eislaufen. Oder man spielte ein paar Partien Tennis, bevor man ins Buffet abbog. Ab und zu frequentierte man die gerade neu errichteten und modischen Bowlingbahnen, man spielte ein paar Runden Tischtennis im Garten oder setzte sich im Sommer aufs Fahrrad, aber meist nur, um damit im Urlaubsort umher oder in der Gegend des Wochenendhauses auf ein Eis zu fahren. Generell war Fahrradfahren eher etwas für Kinder, von Klapprad über 5-Gang-Rennrad bis zum heißbegehrten und begehrlich beäugten High Riser. Auch andere kurz aufflammende Trendsportarten wie die erste Skateboardwelle oder später Rollerskating, damals noch auf rechteckig angeordneten vier Rollen, blieben Kindern und Jugendlichen vorbehalten. Wer in seiner Freizeit gerne lief, wurde nicht Jogger oder Läufer genannt, sondern Spinner. Ein Marathon war nur etwas für Weltklasseathleten. Dementsprechend war das allgemeine Fitnessniveau der Österreicher mangels Bewegung in Kombination mit diversen kulinarischen und alkoholischen Genüssen in den ausklingenden Jahren des Wirtschaftswunders erbärmlich. Da half auch das allmorgendliche Vorturnen im Radio durch Ilse Buck und ihre „isometrischen Übungen“ wenig.

In den 1970er-Jahren grassierte die erste Skateboard-Welle.

Beim Aerobic waren farbenfrohe Outfits beliebt.

Doch im Laufe der Siebzigerjahre änderte sich etwas. Langsam tauchten Begriffe wie Freizeitsport oder Breitensport auf, die „Fit-mach-mit"-Bewegung wurde initiiert und fleißig beworben. Bald schon sammelten Österreicher und Österreicherinnen in einem kleinen Heftchen Fitnesspunkte, die man sich auch in den in Parkanlagen und entlang beliebter Wanderrouten aufgestellten „Fitnessparcours" verdienen konnte. Im ORF liefen kurze „Fit mach mit"-Clips, die Fitnesswelle überrollte das Land. Nun, zumindest medial.

Tatsächlich setzte sich Sport als Teil der Freizeit jedoch allmählich wirklich durch. Spätestens als in den Achtzigerjahren der Neoliberalismus zu immer stärkerer Selbstoptimierung aufrief, wurde Jogging oder auch Bodybuilding und Aerobic, am liebsten in pastellfarbenen Legwarmern mit Stirnband und Schweißband an den Handgelenken ausgeführt, zum Thema. Die in rascher Folge neu erfundenen und verbreiteten Sportgeräte diverser Art verlockten ebenfalls zu mehr Bewegung. Auf den Skipisten tummelten sich neben altvaterischen Skibobs oder Rodeln auf einmal auch Mono-Skis, Kurz-Skis, „Big Foots" und zunehmend Snowboards. Wobei das freundschaftliche Verhältnis zwischen Skifahrern und Snowboardern ungefähr dem heutigen Verhältnis zwischen Autofahrern und (übermotivierten) Radfahrern entsprach. Auch hoch in die Lüfte trieb es einige, zuerst mit Flugdrachen und bald darauf mit Paragleitern. War Bergsteigen einst nur etwas für knorrige Naturburschen, entstanden immer mehr Klettergärten und erste Boulderwände, an denen man Freeclimbing üben konnte. Aber vor allem das Laufen wurde auf einmal ein Ding. Von Massenmarathons bis zur morgendlichen oder abendlichen Joggingrunde braver Büroangestellter. Was ein Jimmy Carter oder eine 70-jähriger Ronald Reagan konnten, das sollte doch ein durchschnittlich sportlich begabter Österreicher auch schaffen! Während man bis zum Ende der Sechzigerjahre Frauen die Teilnahme an einem Marathon noch untersagte, weil das als gesundheitsschädigend galt, wurde Joggen gerade für das weibliche Geschlecht zum Trendsport. 1988 fand der erste österreichische Frauenlauf in Wien statt, der bis heute immer mehr und mehr Teilnehmerinnen jeden Alters durch den grünen Prater hirschen lässt.

Die ganz Harten wandten sich dem Triathlon in Ironman-Distanz zu: 3,86 Kilometer schwimmen, 180,25 Kilometer radfahren und 42,19 Kilometer laufen. Fitness und sportliche Tätigkeit wurden auf einmal nicht mehr

Erst kamen die Flugdrachen, später dann die Gleitschirme.

belächelt, sondern waren sexy. Und wer wollte nicht gerne sexy sein?

Gleichzeitig als Parodie und als Befeuerung dieses Trends rappte Popstar Falco Anfang der Achtzigerjahre frühmorgendliche Turnübungen auf Ö3 unter dem Titel „Fit mit Falco" – in direkter Konkurrenz zur, pardon, Platzhirschkuh Ilse Buck.

Eine weitere Sportlegende der Siebzigerjahre war Hans „Hanseee" Orsolics. Wobei seine Erfolgszeit als Boxer eher in den Sechzigerjahren angesiedelt war und er in den Siebzigern eine eher traurige Existenz fristete. Erst 1986 gelang ihm eine Art Comeback, nämlich mit einer LP gleichen Namens und dem bis heute als Evergreen gern gespielten autobiografischen Hit „Mei potschertes Leb'n", immerhin zehn Wochen lang die Nummer 1 der Ö3-Hitparade.

Dieses Comeback verdankte Orsolics vor allem dem Sportreporter Sigi Bergmann und einer von diesem gestalteten Reportage über dessen Leben. Sigi Bergmann war übrigens eine Legende für sich und einer jener Sportreporter beziehungsweise Kommentatoren des ORF, die bei Live-Übertragungen zwar ganz gerne einmal das aktuelle Sportgeschehen aus den Augen zu verlieren pflegten, um stattdessen während einer gefährlichen Abseitssituation obskure Statistiken aus der Urzeit des Fußballs hervorzukramen. Ungeschlagener Großmeister in dieser Disziplin war Heinz Prüller, der nie um eine Anekdote über

Boxprofi Hans Orsolics im Jahr 1973

die Großtante des Mechanikers des Formel-1-Teams von McLaren verlegen war. Auch eine Kunst für sich. Prüller moderierte mittels dieser Skills übrigens sogar einmal ein ganzes Formel-1-Rennen aus einer Telefonzelle mit eingeschränkter Sicht auf die Fahrbahn …

Apropos singende Sportler: Auch die Catcher vom Heumarkt, angeführt von „Big" Otto Wanz, schafften es als „Battle

Sportkommentator Heinz Prüller mit Rennfahrer Alain Prost beim Großen Preis von Deutschland am Hockenheimring 1981

Royal" mit ihrem Song „Young, Strong and Healthy" unter die Top Ten der Charts. Darin sangen dicke, große und muskelbepackte Herren mehr oder weniger tonsicher die unsterblichen Zeilen „We're tender and slim / Born to fight and to win / We've got giant-power mountain size / Great hair-does and gentle eyes (...) We are young, strong and healthy / Beautiful and wealthy / Don't try to put us down / Don't mess around." Otto Wanz, der eine durchaus beachtliche Karriere als Boxer, Ringer, Wrestler sowie als Weltmeister im Telefonbuchzerreißen hinter sich hatte, leitete damals das „Catchen am Heumarkt". Diese dem amerikanischen Wrestling ähnliche sportliche Volksbelustigung bestand seit 1946 und wurde am Areal des Wiener Eislaufvereins zu eisfreien Zeiten durchgeführt.

Übrigens besteht auch diese Catchertradition bis heute, derzeit wird im Prater schaugewatscht.

„Big" Otto Wanz bedrängt von Giant Haystacks, 1985

Hainburg, 1984: Kalt war's in der Au, die wir dort vor Weihnachten gerettet haben, bis Bundeskanzler Sinowatz einen Weihnachtsfrieden ausrief, der noch immer hält. Das Kraftwerk gibt's bis heute nicht; Aber alle, die dabei waren, können ihren Enkerln immer noch Heldengeschichten erzählen. Es hat sich also ausgezahlt.

Hainburg, Flex und Oben ohne

Jugendkultur gegen Spießertum

Wie schon weiter oben an der einen oder anderen Stelle angedeutet, war die Gesellschaft der Siebzigerjahre in Wien und überhaupt Österreich noch ziemlich bieder. Interessanterweise scheint dieses Biedermeierliche ja in Wellen zu kommen. Das lässt sich unter anderem an der Wertschätzung und Stellung der Frauen ablesen. Für Österreich grob gesagt: bis zum Ende der Monarchie sehr untergeordnet, frühe erste Republik bis zum Beginn der Dreißigerjahre Aufschwung in Fragen der Gleichberechtigung, Dreißigerjahre auch noch einigermaßen stabil, zumindest als Arbeiterinnen – Stichwort Tippmamsell – wurden Frauen durchaus anerkannt, Nazizeit und Krieg zwiegespalten: Einerseits wurde die Frau wieder als Hausfrau und Mutter propagiert und hochgehalten, andererseits übten Frauen kriegsbedingt viele Berufe aus, in denen es zu wenig Männer gab. Der neuerliche wirkliche Abschwung kam erst langsam nach dem Krieg. Heimkehrende Männer verdrängten die Frauen wieder von ihren eroberten Arbeitsplätzen, die Propaganda, mit der viele von ihnen aufgewachsen waren, hallte nach, und die bereits beschriebene idealisierte Kernfamilie mit der Frau in der Rolle der fürsorglichen Ehegattin und Mutter gewann wieder Oberhand. Nachdem ein Mann in der Wirtschaftswunderzeit zumeist problemlos eine Familie ernähren konnte, ohne dass seine Gemahlin arbeiten gehen musste, verfestigte sich dieses Bild. Und erreichte seinen Höhepunkt an unerträglicher Miefigkeit in den Sechzigerjahren.

Nun war die Jugendrevolte dieser Zeit zwar nicht explizit eine Revolution der Frauen, aber Frauen und Mädchen spielten dabei eine wichtige Rolle, etwa durch

Forderungen nach Gleichberechtigung. Einer der Kernpunkte der 68er-Bewegung war auch die sexuelle Revolution, die nicht nur dafür plädierte, dass man über zuvor Unaussprechliches sprechen durfte und für eine ordentliche Aufklärung der Kinder sorgte, sondern die auch die Rolle der Frau von einem ausschließlichen Lustobjekt des Mannes hin zu einer selbstbestimmten Sexualität neu definieren wollte. So propagierten Hippies nicht nur Frieden und Drogenseligkeit, sondern dazu noch „Free Love".

Auch in Österreich gab es Hippies, bei uns auch charmant als „Gammler" bezeichnet. Allerdings nicht sehr viele. Wie es in Österreich (nicht nur, aber vor allem auch) in Sachen Jugendkultur immer alles gab – aber immer ein wenig wenig davon. Wien als damals etwas mehr als eine Eineinhalb-Millionen-Stadt nahm genauso wie heute als Zwei-Millionen-Stadt eine Zwitterposition zwischen provinzieller Kleinstadt und urbaner Megametropole ein. Es gab Rocker, aber nicht an jeder Ecke, es gab Hippies aber nur in ausgewählten Parks, später Punks, aber nur konzentriert an wenigen Orten.

Auch in Österreich gab es Hippies, manchmal auch „Gammler" genannt, nur nicht besonders viele.

Ach ja, rund um 1980 gab es auch noch kurzzeitig die Popper mit Schmalzlocke und analog zu den Mods der Sechzigerjahre gerne auf Mopeds unterwegs. Die Chance, dem Vertreter einer bestimmten Jugendkultur in Wien über den Weg zu laufen, war und ist heute noch immer recht gering.

Ende der Sechzigerjahre gab es daher auch bei uns zum Beispiel zwar einige Studentenproteste, aber nicht vergleichbar mit den Massenprotesten und Ausschreitungen wie etwa in Paris. Gerade die als „Uni-Ferkelei" in die Geschichte eingegangene Protest- und Kunstaktion der Wiener Aktionisten (offizieller Titel: „Kunst und Revolution"), bei der ihre Mitglieder wie Günter Brus, Otto Muehl, Peter Weibel und Oswald Wiener im Hörsaal 1 des Neuen Institutsgebäudes

Im Krapfenwaldbad ließ frau auch mal die Hüllen fallen.

der Universität unter anderem Akte der Selbstverstümmelung und Masturbation durchführten, ihre Notdurft verrichteten und sich mit Exkrementen beschmierten, ragt aus den sonstigen eher harmlosen Protesten hervor. Die Öffentlichkeit reagierte entsprechend empört, es kam zu Verhaftungen und Verurteilungen. Oswald Wiener floh nach Deutschland und wurde dort Wirt eines Lokals, in dem seine Tochter Sarah später erste gastronomische Erfahrungen sammelte.

Dennoch dauert es bis weit in die Siebzigerjahre hinein, bis die ersten Segnungen dieser von den Studenten geforderten neuen und freieren Denkart langsam, aber sicher den Mainstream erreichte. Plötzlich fanden es auch bourgeoise Mittelstandsdamen ganz schick, im Bad das Oberteil fallen zu lassen. Anfangs noch kritisch (wenn auch sicher nicht uninteressiert) von der polizeilichen Obrigkeit beäugt und gelegentlich gemaßregelt oder sogar gestraft, dann toleriert. In Wien zuerst, so munkelt man unter der Hand, im Krapfenwaldbad. Aber bald darauf überall. Mit „Oben ohne" besang Reinhard Fendrich 1982 den Trend.

Anmerkung: Dabei hat das textilfreie Baden und Sonnen in Wien durchaus lange Tradition. Bereits seit der Zeit um 1900 eroberten diverse Nackedeis die gut versteckten kleinen und größeren Teiche in der Lobau. Eine Tradition, die sich bis heute gehalten hat. Besonders praktisch dort: Sollte es tatsächlich einmal zu einer Polizeirazzia kommen, konnte man recht rasch und problemlos zwischen den Bäumen verschwinden. Deshalb galt (und gilt) etwa die Dechantlacke bis heute nicht nur als Tummelplatz für Nackedeis, sondern als ebenfalls mehr oder weniger geduldeter Drogensupermarkt. Außerdem bietet Wien weitere offizielle FKK-Zonen. Solche wurden etwa im Norden und Süden der Donauinsel errichtet, nicht zuletzt durch die – teilweise exhibitionistischen – Aktionen des Naturapostels und Wiener Originals WALULISO (Wasser-Luft-Licht-Sonne). Der lief bekanntermaßen gerne neben Sandalen nur mit Lorbeerkranz und Toga bekleidet, also *nur* mit Lorbeerkranz und Toga, durch die Fußgängerzonen der Innenstadt, sorgte aber außerdem durch öffentliche Auftritte und Unterschriftenaktionen für die Errichtung der freikörperlichen Naturbadeplätze an der Insel. Ihm zu Ehren heißt eine Fußgänger- und Radfahrerbrücke über die Neue Donau daher auch Waluliso-Brücke.

WALULISO auf dem Stephansplatz 1984

Demonstration gegen das Atomkraftwerk Zwentendorf vor dem Parlament

Jedoch, das Interesse an größerer sexueller Offenheit nach außen, etwa auch durch das Aufkommen und Verbreiten des Saunierens, standardmäßig gemischt, war mehr eine Sache der Erwachsenen, ja, sogar mehr eine Sache der bürgerlichen Erwachsenen, die sich damit einen gefühlt kleinen revolutionären Kick vor allem ihrer eigenen Elterngeneration gegenüber erlaubten.

Sonst setzten sich Segnungen von Gleichberechtigung, Rechte für Kinder und Jugendliche oder andere moderne Themen in Österreich nur sehr schleppend durch. Besonders in Sachen Naturschutz und Umwelt stand den neuen Ökos eine geschlossene Proporzfraktion aus linken und rechten Betonierern gegenüber. Dennoch konnten gerade in Österreich ökologisch motivierte Protestbewegungen immer wieder beachtliche Erfolge erzielen.

So führte die, nicht nur von der Jugend, aber durchaus auch von dieser getragene weltweite Anti-Atom-Bewegung („Atomkraft? Nein Danke!") in Österreich zu einer Volksabstimmung, die sich 1978 zu 50,5 Prozent gegen die Eröffnung des bereits schlüsselfertigen Atomkraftwerks Zwentendorf entschied. Und im selben Jahr zu dem bis heute gültigen Atomsperrgesetz, das die Errichtung und den Betrieb von Atomkraftwerken in Österreich grundsätzlich untersagt. Die Ursprünge der Anti-Atom-Bewegung waren international eng mit der Friedensbewegung und den Protesten gegen das Wettrüsten verbunden. Diese Art der Bewegung und Proteste gab es zwar auch in Österreich, aber weniger als etwa in Deutschland. Was wohl damit zusammenhängt, dass Westdeutschland als Teil der NATO aktiver Betreiber der Aufrüstung war, während sich Österreich beziehungsweise dessen Bewohner durch die „immerwährende Neutralität" in einer trügerischen Sicherheitsblase wähnten.

Eine andere „grüne" Veränderung speziell in Wien kam tatsächlich konkret durch Jugendproteste zustande. Rund um 1980 pilgerten Scharen von Schülern jeden Nachmittag nach der Schule in den Burggarten am Ring, um sich dort – ins Gras zu setzen. Das war nicht ganz ungefährlich, weil verboten. Nicht nur im Burggarten, sondern in allen städtischen Parks. Oder wie es so schön in Wikipedia dazu heißt: „Die ‚Burggarten-Bewegung' in Wien hatte die Rasenfreiheit der Burggarten-Wiese als prinzipielles Ziel." Infolge kam es immer wieder zu Ausschreitungen und Konflikten mit der Polizei. Natürlich wurden dort nicht immer nur Tabakzigaretten geraucht, aber im Wesentlichen wurde nur friedlich beieinandergesessen und Gitarre gespielt. Dennoch berichtete das öffentliche Empörungsorgan des Bürgertums, die „Kronen Zeitung", von „öffentlichem Rauschgiftkonsum, Entenmord und Sexorgien". 1979 kam es zusätzlich zu regelmäßigen Samstags-Demos sowie zu Sitzungen und Diskussionen im Amerlinghaus und in der Arena. Anfang der Achtzigerjahre entschloss sich die Wiener Stadtregierung schließlich dazu, das Sitzen und Verweilen auf Rasenflächen der Wiener Gärten grundsätzlich zu gestatten.

Überhaupt hatten Proteste in Wien relativ oft Erfolg und wurden nicht so oft wie in anderen (deutschen) Städten von der Polizei niedergeprügelt. So schaffte es die Arena-Besetzung, 1977 das schon zuvor jahrelang als alternatives Jugend- und Kulturzentrum genutzte Areal des ehemaligen Schlachthofs Sankt Marx, das bereits für den Abriss vorgesehen war, zu erhalten. Bis heute. Angeblich begann die Besetzung, so will es die Legende, damit, dass Willi „Ostbahn-Kurti" Resetarits 1976 nach einem Auftritt der

„Schmetterlinge", einer der letzten dort noch gestarteten Veranstaltungen, die Anwesenden mit ruhiger Stimme dazu aufforderte, einfach nicht zu gehen. Nach der offiziellen Geschichtsschreibung war es zwar ebenfalls Willi Resetarits, der das Ganze auslöste, aber dadurch, dass er am 27. Juni 1976 am Naschmarkt bei einem Konzert gegen Gewalt beim Bundesheer zum Erhalt des ehemaligen Schlachthofs in St. Marx aufrief. Jedenfalls folgten drei Monate der Besetzung, Proteste und Ausschreitungen und schließlich ein Mietvertrag durch die Stadt Wien.

Nicht ganz so glücklich verlief die Besetzung des Kulturzentrums Gassergasse („GaGa muß bleiben!"). Zwar wurde dieses autonome Kulturzentrum alternativen Gruppen ab 1981 explizit durch die Stadt Wien zur Verfügung gestellt, aber als es zu immer mehr Konflikten mit den Anrainern, Kämpfen mit Rechtsradikalen und angeblich exzessivem Drogenkonsum kam, wurde 1983 die Räumung angeordnet. Prompt kam es zur Besetzung des Gebäudes, in diesem Fall aber nicht erfolgreich. Die Besetzer wurden polizeilich entfernt, teilweise eingesperrt und das Gebäude noch im selben Jahr abgerissen. Ein Teil der GaGa-Kulturinitiativen zogen daraufhin ins WUK. Außerdem gilt die Gassergasse als Ursprung der Umweltorganisationen global 2000 und Greenpeace Österreich. Generell fällt die Bilanz der Hausbesetzungen von Jugend- und Kulturzentren in Wien gemischt aus: Aegidigasse und Spalowskygasse wurden geräumt, Amerlinghaus, WUK und Ernst-Kirchweger-Haus (EKH) sind bis heute bestehende Kulturzentren. Ein Überbleibsel der Aegidigasse ist übrigens das bereits in einem vorigen Kapitel erwähnte „Flex", Lokal und Club am Donaukanal, das ursprünglich dort untergebracht war.

Doch nun erneut und vehement zurück zum Thema Ökologie. Der größte und erfolgreichste Jugendprotest dieser Zeit war nämlich eine weitere, diesmal vom Umweltgedanken getragene, Besetzung. Nämlich die der Stopfenreuther Au bei Hainburg, auch als Au-Besetzung oder einfach unter dem Schlagwort Hainburg bekannt. Die gesamte Geschichte ist lang und legendär und würde hier den Rahmen sprengen. Jedenfalls wurden 1983 Pläne bekanntgegeben, in der urtümlichen Auenlandschaft bei Hainburg ein großes Wasserkraftwerk zu errichten, die Arbeiten sollten 1984 beginnen. Es kam zu Protesten der gerade im Entstehen begriffenen Umweltbewegung, zuerst außerhalb der Au, und schließlich Anfang Dezember 1984 zu einem Sternmarsch mit anschließender Besetzung des Geländes. Es wurden Zeltlager errichtet, und neben den Besetzern vor Ort pilgerten täglich Hunderte bis Tausende weitere Demonstranten, vor allem Studenten, in das Waldgebiet. Darunter durchaus auch viele „Autouristen" (*aufzeig*). Von da an wogte ein Kampf zwischen Behörden, Bauarbeitern und Besetzern hin und her, mehrfach wurde versucht, das Gelände brutal

Besetzung des Kulturzentrums Arena im Juni 1976

zu räumen. Nach einem besonders harten Einsatz am 19. Dezember verkündete der damalige Bundeskanzler Fred Sinowatz am 22. Dezember unter dem Druck der öffentlichen Meinung, diesmal auch mitgetragen von der ja nicht immer auf der richtigen Seite der Geschichte stehenden „Kronen Zeitung", einen sogenannten Weihnachtsfrieden. Es folgte ein gerichtlicher Beschluss, der weitere Rodungen bis zum Abschluss des Beschwerdeverfahrens untersagte. 1985 wurde ein Volksbegehren (Konrad-Lorenz-Volksbegehren) gegen die Rodung durchgeführt, und tatsächlich hob 1986 der Verwaltungsgerichtshof den Wasserrechtsbescheid auf. Infolge wurde der Kraftwerkplan „verschoben" und die Staustufe Wien errichtet, die heute ein gemächliches Schifferlfahren zwischen Handelskai und Donauinsel mit dazwischen in der Donau Marina geparkten Yachten ermöglicht. Win-Win! Das umstrittene Gelände selbst ist seit 1996 Teil des Nationalparks Donau-Auen. Zu den Denkwürdigkeiten der Protestaktionen gehörte unter anderem eine Pressekonferenz, in der mehrere Prominente teilweise als Wildtiere verkleidet erschienen. Ihr Anführer: der Publizist Dr. Dr. Günther Nenning (gerne scherzhaft auch als Dr. „Günther Günther" Nenning bezeichnet), der in einer Ganzkörperverkleidung als „Auhirsch" erschien und diesen Beinamen sein Leben lang nicht mehr loswurde. Was ihn aber kaum gestört haben dürfte.

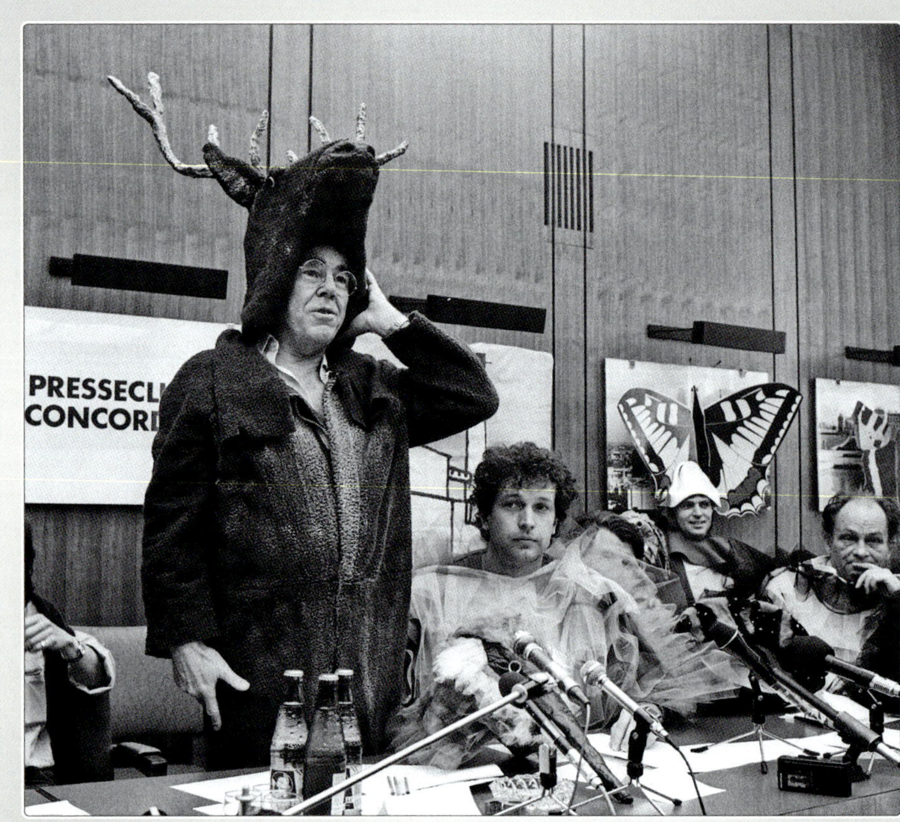

Günther Nenning als „Auhirsch" bei der sogenannten Pressekonferenz der Tiere im Mai 1984

Unter anderem galten diese Proteste auch als Initialzündung zur Gründung mehrerer naturschützerisch bewegter Parteien, die schließlich zu den Grünen fusionierten.

Eine besonders langlebige, aber weniger effektive Jugendprotestveranstaltung waren die sogenannten Opernball-Demonstrationen. Diese hatten im Laufe der Zeit eine wechselnde Agenda und richteten

Protestcamp gegen das Wasserkraftwerk Hainburg in der Hainburger Au

sich im Wesentlichen nur gegen das beim Wiener Opernball konzentriert in Logen gepferchte Establishment, bestehend aus Millionären, Wirtschaftsbossen und Politikern. Bei der ersten Demo 1987 ging es konkret um Proteste gegen die geplante Wiederaufbereitungsanlage Wackersdorf und den beim Opernball anwesenden bayerischen Ministerpräsidenten Franz Josef Strauß. Auch in den darauffolgenden Jahren versammelten sich stets mehrere Hundert linke Demonstranten unter stets neuen Mottos, um mit Transparenten und lautstark gegen die in Limousinen vorfahrenden Gäste in Gala zu protestieren. Regelmäßig kam es dabei zu Zusammenstößen mit der Polizei und Verfolgungsjagden quer durch die Innenstadt. Vor allem aufgrund eines fehlenden klaren Ziels geriet die Operball-Demo in den Folgejahren aber immer mehr zur Protestfolklore und verlor sich langsam. Eine Renaissance erfuhr sie allerdings, nachdem sich Wolfgang Schüssel die FPÖ in die Regierung geholt hatte, um mit deren Hilfe als Drittplatzierter dennoch Bundeskanzler zu werden. In späteren Jahren verlagerten sich die Proteste gegen die FPÖ allerdings zunehmend zum Akademikerball.

Wie soll man sagen … Wien und die Wiener Jugend waren nie sehr revolutionär, aber ein bisserl immer.

1987 demonstrierten zahlreiche Menschen beim Opernball gegen die Wiederaufbereitungsanlage Wackersdorf.

Die Kunstfigur Dschi Dsche-i Wischer morgens auf nüchternen Magen ist mir eigentlich eher unangenehm in Erinnerung: Um diese Tageszeit vor der Schule hatte ich keinen Nerv für philosophische Gedanken, in Schachtelsätzen vorgetragen mit knarrender Stimme. Mundl war mir sehr viel näher. Klare, kurze Botschaften in einprägsamer Sprache: „Mei Bier is net deppat." Aufgewachsen im Gemeindebau, waren mir die dargestellten Figuren nicht fremd, der Unterhaltungswert durch die Überzeichnung großartig. Schau ich jetzt noch gerne.

Dschi Dsche-i, Mundl, Hit-wähl-mit

Wendezeiten in Film, Funk und Fernsehen

In kaum einem anderen Bereich gab es vor und nach 1980 eine derart große Veränderung wie in dem der audiovisuellen Medien. Hier nur einmal eine Grobeinteilung:

■ In den Sechzigerjahren hatte fast niemand einen Fernseher, in den Siebzigerjahren waren die Fernsehgeräte klein und der Bildschirm schwarz-weiß (dafür waren die Geräte selbst außen teilweise bunt), in den Achtzigerjahren wurden sie immer größer und der Bildschirm natürlich farbig.

■ Das Sendeangebot in Wien beschränkte sich bis in die Siebzigerjahre auf die ORF-Sender FS1 und FS2, danach erweiterten Kabelfernsehen und Satelliten das Angebot erst gemächlich, dann exponentiell. Wobei es heimisches Privatfernsehen in Österreich erst ab 2000 gab.

■ Das (UKW-)Radioangebot beschränkte sich im Wesentlichen auf drei Sender, Ö1, Ö-Regional (Wien) und Ö3, je nach Gerät und Lage konnte man auch noch Radio Niederösterreich oder sogar Radio Burgenland empfangen und eventuell tschechische Sender. Das erste Privatradio, noch als Piratensender aus dem Ausland tätig, sendete im Raum Wien erst ab 1990 (Radio CD).

■ Abenteuerlustige konnten natürlich auch noch die Mittel- und Kurzwelle nach fremdländischen Sendern absuchen, aber das taten nur wenige, und die Qualität war nicht besonders.

■ 1979 kam dann noch Blue Danube Radio dazu, das sich dann im Laufe der Zeit zu FM4 wandelte.

- Die Möglichkeit, sich per Videorekorder ein eigenes Fernsehprogramm zu gestalten, wurde erst ganz am Ende der Siebzigerjahre möglich und erst in den Achtzigerjahren ein allgemeines Phänomen. Mit anfangs nur selbst aufgenommenen oder getauschten und selten gekauften Kassetten, dann auch durch die wie Schwammerln aus dem Boden schießenden Videotheken.

- Anderen audiovisuellen Content konnte man sonst nur im Kino genießen, wo es zwar auch einige Veränderungen gab, aber keine so wesentlichen.

Das ORF-Zentrum Küniglberg ist seit der ersten Hälfte der 1970er-Jahre der Hauptsitz des Senders.

Die *tatsächliche* Auswahl an Möglichkeiten war allerdings noch deutlich beschränkter als dieser erste Überblick vermuten lässt. Denn es gab zwar zwei Fernsehsender – aber die sendeten alles andere als rund um die Uhr! Auch das Radio hatte nachts (wenn auch eine vergleichsweise kurze) Sendepause. Von KISS-Frontman Gene Simmons ist ein Zitat überliefert, dass er erst in Österreich auftreten würde, wenn es 24-Stunden-Fernsehen gäbe, denn was solle er sonst in der Nacht im Hotel machen?

Tatsächlich sendete der ORF nur etwa an einem Drittel des Tages Fernsehen. Vormittags anfangs gar nicht. Außer zu Messezeiten! Die WIM, die Wiener Internationale Messe, war damals ein richtiges Großereignis und fand zweimal pro Jahr, einmal im Frühling und einmal im Herbst, statt. Und damit die stolzen Hersteller die Leistungen ihrer neuesten Fernsehgeräte (wir erinnern uns, es gab noch keine Videorekorder) überhaupt vorführen konnten, sendete der ORF gnadenhalber vormittags ein paar Stunden. Meist irgendwelche Serien oder Cartoons wie „Popeye" oder „Sindbad Jr." – Letzterer wurde wie Popeye superstark, allerdings nicht durch eine Dose Spinat, sondern indem er an seinem magischen Gürtel zog. Das weiß ich deshalb so genau, weil ich auf mirakulöse Weise immer gerade in den Wochen der Messe eine Frühlings- oder Herbst-Erkältung hatte und daher leider zu Hause bleiben musste …

Eine weitere Ausnahme waren wichtige Sportübertragungen, also etwa die Herren-Ski-Abfahrt, die stets die ganze Nation bewegte, und ähnliche Sportereignisse, die durchaus auch vormittags oder sonstwann tagsüber ausgestrahlt wurden. Insbesondere, wenn es sich um die Olympischen Spiele oder die Fußballweltmeisterschaft handelte. Ab und zu gab es auch

Das Testbild von FS2

das sogenannte Schulfernsehen, aber ich war nie in einer Klasse, in der ein Lehrer oder Professor es für sinnvoll erachtet hätte, zu dieser Zeit einen Fernseher in die Klasse zu rollen und einzuschalten.

Später kam noch das sogenannte „Schichtarbeiterprogramm" hinzu. Die Idee war, dass Menschen, die abends und nachts arbeiten mussten, auch irgendwann die Chancen haben sollten, zumindest die eine oder andere Sendung oder den einen oder anderen Film zu sehen. Was manchmal zu der Situation führte, dass gerade etwas härterer Filme, die der ORF wohlweislich immer erst später am Abend spielte, am Vormittag wiederholt wurden, wo diese dann durchaus auch das eine oder andere Mal auf das eine oder andere erkrankte Kind trafen. Grundsätzlich begann Fernsehen jedoch erst am späteren Nachmittag beziehungsweise frühen Abend und auch nicht auf beiden Sendern gleichzeitig.

Eine weitere spezielle Ausnahme stellte noch das sogenannte „Schlechtwetterprogramm" in den Sommerferien dar. Ein Roulettespiel insbesondere für gelangweilte, fernsehbegierige Kinder. Bereits nach dem Mittagessen spähte man in den Himmel, um dort die Wolkenlage abzuschätzen. Allerdings nutzte das nicht allzu viel, denn erst, wenn die Zentralanstalt für Meteorologie dem ORF signalisierte, dass über weiten Teilen der Bundesrepublik Regen niederging oder zumindest kaltes und windiges Wetter herrschte, drückte jemand im ORF auf den Knopf. Gab es also Wolken am Himmel, versammelten sich landauf landab hoffende Kinder um 15 Uhr (wenn ich mich recht entsinne) vor dem Fernseher. Entstand dann aus dem grauen Rauschen plötzlich ein Testbild, brandete Jubel auf! Die nächste Frage war natürlich, was zu sehen war. Meistens handelte es sich um kindgerechte amerikanische Serien wie „Daktari", manchmal auch um einen alten Film. In meinem Fall war das Glück erst vollkommen, wenn wieder einmal die Titelmelodie von „Raumschiff Enterprise" erklang! Tatsächlich legte das Schlechtwetterprogramm in meinem Fall den Grundstein für ein lebenslanges Trekkertum. Wobei die Serie nie ganz im ORF lief. Denn in Deutschland wurden zuerst nur 26 und später noch einmal 13 der insgesamt 79 Folgen der drei Staffeln synchronisiert. Und dann eben auch bei uns ausgestrahlt. Allerdings nur die ersten 26, soweit ich weiß, die dafür aber immer wieder.

Die Crew des Raumschiffes USS Enterprise, 1966

Reguläres Fernsehen begann, wie gesagt, erst am späteren Nachmittag oder frühen Abend. Abgesehen von Mittwoch (Kasperl, mit Glück Kasperl und Petzi aus der Urania oder Kasperl und Strolchi, mit weniger Glück Kasperl und Seppl, mit Pech der Habakukkasperl mit Tintifax) und Samstag (etwa „Pippi Langstrumpf" oder „Michel aus Lönneberga", andere Realserien wie „Flipper", „Der Bumerang", „Skippy das Buschkänguruh", „Black Beauty" sowie diverse Zeichentrickserien wie „Wickie und die starken Männer", „Biene Maja", „Heidi", „Pinocchio", „Nils Holgersson" oder „In 80 Tagen um die Welt", später auch „Es war einmal der Mensch" oder die Mischserie „Pumuckl") gab es allerdings kein explizites Kinderfernsehen. Einige weitere Highlights der Zeit (und teilweise bis heute): „Die Sendung mit der Maus", „Der knallrote Autobus" und „Eins, zwei oder Drei", mit im Laufe der Zeit immer wieder wechselnden Moderatoren und Kennmelodien. Seltsamerweise ebenfalls im Nachmittagsprogramm liefen „The Munsters" in Originalsprache mit Untertiteln. Eigenproduktionen des ORF für Kinder waren spärlich gesät wie „Das kleine Haus", die allererste Kindersendung ab 1969, später durch das viel fadere „Am dam des" abgelöst, „Sport-ABC", „Helmi" oder das aus verschiedenen Gründen berühmt-berüchtigte „Wer bastelt mit?". Recht edgy, um es mit heutigen Begriffen auszudrücken, war die Jugendsendung „Ohne Maulkorb", die auch von Jugendlichen gestaltet wurde, dann aber zuerst mit dem softeren Popmagazin „Okay" ergänzt und schließlich durch dieses ersetzt wurde.

Weiters junge Musiksendungen: zuerst „Spotlight" mit Peter Rapp und „Die Großen Zehn" mit Udo Huber, die er viel seltener, als man es in Erinnerung hat, in einem Ganzkörperoverall moderierte.

Udo Huber moderiert – diesmal nicht mit Overall – aus einer Disco seine Sendung „Die großen Zehn".

Dieser Mangel hinderte Kinder und Jugendliche jedoch nicht daran, auch noch sonst alles zu sehen, was so lief. Dazu gleich. Das Angebot des ORF für Kinder verbreitete sich erst aufgrund des Konkurrenzdrucks und auch da erst wirklich ab den Neunzigerjahren mit „Tom Turbo" (anfangs: „Die heiße Spur") oder „Confetti TiVi".

Grundsätzlich begann der Fernsehabend im Wesentlichen mit Informations- und Sprachsendungen. Und egal was, wer gerne fernsah, und das taten die meisten, der sah alles. Ob es sich um die eher trockene Informationssendung „WIR" handelte, um die etwas interessantere, weil internationale Sendung „Panoptikum", um „Guten Abend am Samstag mit Heinz Conrads" („Griaß eich die Madln, servas die Buam!"), die „Fernsehküche" mit Fernsehkoch Helmuth Misak, um das Kinomagazin „Trailer" mit Frank Hoffmann oder um den „Russisch-Kurs" mit Lisa Schüller, deren „dobri wetscher" (oder so ähnlich) noch einer ganzen Generation im Ohr nachhallt.

Die „Barbapapas" waren ein Highlight des frühabendlichen „Betthupferls".

Das erste Highlight des Fernsehabends fand dann um 18 Uhr statt. Zuerst in Form vom „Betthupferl" mit großartigen Formaten wie „Barbapapa", „Die Maus auf dem Mars", „Die Familie Petz" (mit Opa Petz und der an einen schlanken Fred Sinowatz erinnernden Maus Fips), „Toby und Tobias" oder Zaubersendungen mit Bobby Lugano („Zaubern muss man können!"). Für die meisten Zuseher bedeutete dieses „Betthupferl" aber nicht das Ende, sondern den Anfang des Fernsehervergnügens! Denn da liefen amerikanische Serien, meistens Sitcoms, manchmal auch Cartoons! Hier ein kleiner Wordrap down the memory lane: „Drei Mädchen und drei Jungen", „Lieber Onkel Bill", „Verliebt in eine Hexe", „Bezaubernde Jeannie", „Bonanza", „Die Leute von der Shiloh Ranch", „Immer wenn er Pillen nahm", „Die Muppet-Show", „Fred Feuerstein", „Der rosarote Panther", „Die Jetsons" ... Gelegentlich fand sich auch einmal eine französische oder englische Sendung wie das freche „Robins Nest" über eine Gruppe junger Leute, die in einer WG zusammenlebten, fast schon skandalös!

Im Gegensatz zu später wurden diese Sendungen im Wochentakt ausgestrahlt, das heißt, man konnte sich danach richten, etwa am Dienstag seine Lieblingsserie zu sehen und dafür am Mittwoch eine weniger interessante Serie auszulassen. Auch eine der großen Veränderungen mit durchaus weitreichenden Folgen. Als zum Beispiel an diesem Sendeplatz Ende der Achtziger „Alf" lief, wurde die Sendung zum Straßenfeger und gesamtgesellschaftlichen Phänomen, jeder wollte den pelzigen Außerirdischen mit der kulinarischen Vorliebe für Katzen sehen! Man sprach sogar darüber im Büro und in der Schule – etwa über das neue Tanner-Baby. Die wöchentliche Ausstrahlung der ersten und zweiten Staffel war heiß ersehnt. Aber mit der dritten Staffel änderte sich die Programmierung, und die „Alien Life Form“ wurde täglich ausgestrahlt. Das brachte die damaligen Sehgewohnheiten total durcheinander und führte (vermutlich) zum abrupten Ende der Alf-Manie. Wöchentlich über Monate? Super! Täglich in ein paar Wochen? Was für ein Stress!

Übrigens: In diesem Abschnitt über das im Wesentlichen öffentlich-rechtliche Fernsehen mischen sich, das werden Sie, geneigte Leserinnen und Leser, vielleicht schon bemerkt haben, durchaus die Siebziger- mit den Achtzigerjahren. Das ist kein Zufall, denn was den Inhalt betraf, unterschieden sich die in ORF, SRG, ZDF und ARD gezeigten Sendungen dieser zwei Jahrzehnte nicht markant voneinander. Veränderungen insbesondere als Reaktion auf die immer stärker werdenden Privatsender erfolgte nur graduell.

Doch weiter mit dem Fernsehabend. In der weiteren Folge kamen Bundesländer-Sendungen und die Ausstrahlung der „Zeit in Bild 1“, die alle Österreicher, außer jenen, die irgendwo am Rand einen ausländischen Sender empfangen konnte, gemeinsam vor den Fernseher schweißte.

Das Abendprogramm war aus heutiger Sicht nicht gerade abwechslungsreich. Hauptsächlich sendete der Küniglberg Quizsendungen, Krimis (deutsche und amerikanische), historische Serien (meist aus England) und Soap-Operas de luxe (aus den USA und einheimisch – dazu gleich).

Zwischen 1971 und 1986 moderierte Hans Rosenthal 153 „Dalli Dalli“-Sendungen. Wir sind der Meinung: Das war Spitze!

Bei den Quizsendungen gab es die kleinen, die wochentags ausgestrahlt wurden wie „Dalli Dalli“ mit Hans Rosenthal („Segelboot war leider doppelt, das müssen wir abziehen“; „Sie sind der Meinung, das war – SPITZE!“), „Was bin ich?“ mit Robert Lembke („Welches Schweinderl hätten's denn gerne?“) oder „Am laufenden Band“ mit Rudi Carrell („Und ein Würfel mit einem Fragezeichen!“).

Als eigene österreichische Quizsendung, wobei hier das Publikum die Teilnehmer waren, ist mir im Wesentlichen nur das fantastische „Wer dreimal lügt“ mit Günter Tolar in Erinnerung. Manchmal gab es auch Sendungen mit verschiedenen und eben auch Quizelementen wie die eigentlich mehr oder weniger Talkshow „Tritsch Tratsch“ mit Josef „Joki“ Kirschner mit dem Ladenspiel, die außerdem die mediale Geburtsstunde von Vera Russwurm als für ein paar Minuten frei Schnauze ratschendes

Bei „Wünsch dir was" sorgte 1970 eine junge Frau in transparenter Bluse für Furore.

„Tritsch-Tratsch-Girl" war. Oder „Made in Austria", ebenfalls mit Günter Tolar.

Dazu kamen die großen Samstagabendshows, etwa wirklich als Quiz wie „EWG – einer wird gewinnen" mit Hans-Joachim Kulenkampff oder Sendungen, die Unterhaltungselemente mit Aufgaben für Kandidaten mischten, wie etwa das legendäre „Wünsch dir was" mit Dietmar Schönherr und Vivi Bach, das unter anderem wegen der transparenten Bluse einer jungen Teilnehmerin, der Abstimmung durch das Publikum per Energieverbrauch im Haushalt oder dem Versenken einer teilnehmenden Familie samt Auto in einem Swimmingpool Fernsehgeschichte schrieb. Dann „Auf los geht's los" mit Joachim Fuchsberger und natürlich „Wetten, daß ...?" (damals noch mit ß), zuerst mit Frank Elstner und ab 1987 mit Thomas Gottschalk, das unsinkbare und gefühlt vierstündige Schlachtschiff des öffentlich-rechtlichen Fernsehens.

Bis heute berichten US-Filmstars gerne in amerikanischen Talkshows voller Staunen und Unverständnis über dieses Format, das sie für Stunden auf die Besucherbank bannte, ohne Werbeunterbrechungen, um aufs Klo gehen zu können.

Andere Samstagabendsendungen waren völlig der Tonkunst gewidmet wie „Musik ist Trumpf" mit Peter Frankenfeld und später Harald Juhnke. Sowie natürlich der Mega-Blockbuster „Musikantenstadl" mit Karl Moik, der zwar nicht alle, aber doch erstaunlich viele Menschen anzog wie die, pardon, sprichwörtlichen Fliegen. Ein tatsächliches „must see"-Event war allerdings die jährliche Sendung von Peter Alexander mit internationalen Topstars wie Liza Minnelli, Tom Jones, Johnny Cash oder Larry Hagman als Gästen.

Viele dieser Sendungen wurden in Österreich, der Schweiz und Deutschland und manchmal auch in Luxemburg ausgestrahlt, weshalb davor die Eurovisions-Hymne zu hören war. Sonst war diese nur sehr selten zu vernehmen, manchmal bei Sportereignissen, bei der Kriminalermittlungssendung „Aktenzeichen XY – ungelöst" und bei dem neben der „Peter-Alexander-Show" anderen jährlichen musikalischen Großereignis, nämlich dem „Songcontest" (korrekt „Eurovision Song Contest"). Übrigens ist die Anhäufung von Österreichern unter den großen

Peter Alexander und Liza Minelli in der Peter Alexander Show – das war allerdings schon 1995

Moderatoren der Zeit bemerkenswert. Nicht nur Peter Alexander und Karl Moik waren Österreicher, sondern auch Dietmar Schönherr und, was nicht viele wissen, Frank Elstner.

In Österreich für Österreich produziert wurde dazu noch die viermal pro Jahr ausgestrahlte Musiksendung „Heinz Conrads und seine Freunde …", intern auch „Der Große HC" genannt, an der ich einmal als Statist am Heurigentisch teilnahm. Ein insgesamt etwas befremdliches Erlebnis, aber dazu vielleicht eines Tages an einer anderen Stelle.

Doch zurück zu den anderen Elementen eines typischen Fernsehabends während der Woche. Und da gab es im Wesentlichen Krimis. Krimis aller Art, Sorten und Kategorien, entweder aus Deutschland wie „Der Kommissar" und „Derrick" (281 Folgen insgesamt!), später „Ein Fall für Zwei" und oder aus den USA: „Die Straßen von San Francisco", „Kobra, übernehmen Sie" (= „Mission Impossible"), „Solo für O.N.C.E.L.", „Kojak", „Serpico", „Petrocelli", „Columbo", „Detektiv Rockford", später „Magnum", „Drei Engel für Charlie", „Hart aber herzlich", „Miami Vice" … Dann noch die oft sehr schrägen oder ironischen englischen Krimiserien wie „Mit Schirm, Charme und Melone", „Simon Templar", „Department S" oder „Jason King". Am Wochenende lief dann im Nachmittagsprogramm noch die US-Agentenkomödie „Mini-Max" („Get Smart"). Die Anzahl der Morde, die damals ein durchschnittliches österreichisches Kind mangels Alternativen beim Heranwachsen sah, war tatsächlich um einiges höher als heute. Österreichische Kommissare ermittelten seltener und wenn, dann vor allem am Sonntagabend im „Tatort", außerdem anfangs eher gemütlich wie Oberinspektor Marek (Fritz Eckhardt) gefolgt von Kurt Jaggberg als Oberinspektor Hirth. Übrigens waren

Heinz Conrads hat in seiner Sendung „Heinz Conrads und seine Freunde" Vico Torriani zu Gast.

Fritz Eckhardt als gemütlicher, schnauzbärtiger Oberinspektor Marek im „Tatort“ 1976

damals auch Miguel Herz-Kestranek und Christoph Waltz als österreichische Tatort-Kommissare im Einsatz!

Eine Ausnahme unter den Krimiserien stellte natürlich „Kottan ermittelt“ dar. Diese Mischung aus durchaus ernsthafter Krimihandlung und parodistischer Kriminalkomödie in Spielfilmlänge war allerdings nicht von Anfang an der große Renner als der sie heute in Erinnerung geblieben ist. Die ersten zwei Folgen mit Peter Vogel als Major Adolf Kottan waren noch eher klassische Krimis mit etwas düsterem Wiener Schmäh, wobei sich die satirischen Elemente hauptsächlich der Kritik an der Polizeiarbeit widmeten. Als Peter Vogel starb, wurde die Serie dennoch fortgesetzt. Mit Folge 3 „Wien Mitte“ und Franz Buchrieser als Kottan bog die Sendung immer mehr in Richtung Nonsens und Slapstick ab, stets jedoch mit einem zu lösenden Kriminalfall. Der Klamauk war dabei durchaus meist subtil und alles andere als die Intelligenz der Seher beleidigend. Der Hype

Mit Lukas Resetarits als Major Adolf Kottan setzte sich der Hype um die Serie fort.

nahm seinen Anfang. Und setzte sich auch fort, als Buchrieser die Sendung nach drei Folgen abgab und Lukas Resitarits für die Folgen 6–19 die Rolle übernahm. Mit unvergesslichen Szenen wie jenen, in denen die Fernsehsprecherin Chris Lohner die sogenannte vierte Wand durchbrach und direkt durch den Fernsehapparat zum Major („Inspektor gibt's kan") sprach oder den am Sofa Dösenden sogar mit einem Tippen von innen gegen die Bildschirmscheibe aufweckte. Für ein paar Jahre war Österreich im Kottan-Fieber, das erst abebbte, als der ORF die Sendezeit auf eine Stunde beschränkte und die Kottan-Masterminds Peter Patzak und Helmut Zenker sich vor die Wahl gestellt sahen, eher den Krimi- oder den Humoranteil zu vernachlässigen. Sie entschieden sich gegen den Krimianteil, aber der Zauber war nach einer Weile dahin. Dennoch lief und läuft die ganze Serie immer wieder (und wieder) und hatte und hat auch in Deutschland viele Fans.

Ähnlich umstritten und ähnlich nachhaltig war wohl nur eine andere Serie des ORF, und zwar „Ein echter Wiener geht nicht unter" mit (dem Wiener Neustädter) Karl Merkatz, als Edmund „Mundl" Sackbauer („Mei Bier is ned deppat!"). Jedenfalls deutlich provokanter als (in Ansätzen) vergleichbare sanfte Komödienserien des ORF wie „Hallo – Hotel Sacher ... Portier!" oder „Wenn der Vater mit dem Sohne" mit Fritz Eckhardt und Peter Weck, „Der alte Richter" mit Paul Hörbiger, „Der Leihopa" mit Alfred Böhm oder „Die liebe Familie", live im Stegreifformat ausgestrahlt!

Schauplatz der Serie „Die liebe Familie" war die Wohnung der großbürgerlichen Wiener Familie Lafite.

Und wenn wir schon bei leichten Unterhaltungsserien sind: Auch aus Deutschland kam so mancher Serienerfolg wie das „Königlich Bayerische Amtsgericht", „Der ganz normale Wahnsinn", „Kir Royal", „Liebling Kreuzberg", dazu die österreichisch-deutsche Koproduktion „Der Sonne entgegen" mit unter anderem Erwin Steinhauer.

Ebenfalls im Programm fanden sich mehr oder weniger historische Serien, meist von der BBC. Darunter „Das Haus am Eaton Place", „Die Onedin-Linie" oder „Der Doktor und das liebe Vieh".

Seltener aus den USA wie „Die Waltons" („Gute Nacht, John-Boy!"), „Der Mann in den Bergen" oder „Kung Fu". Manchmal aus Deutschland wie „Die Buddenbrooks", „Berlin Alexanderplatz" und „Der Seewolf" mit Kartoffelquetscher Raimund Harmstorf oder sogar aus Österreich „Der Kurier der Kaiserin".

Die Serie „Holocaust" brachte viele Österreicher zum kritischen Betrachten der Rolle ihres Landes im Zweiten Weltkrieg.

Diese Serien hatten vor allem Unterhaltungscharakter, aber es gab auch Ausreißer, die teilweise die ganze Nation erschütterten. Nämlich die österreichischen, bitterbösen und kritischen Serien „Die Alpensaga“ (über Korruption und Naturzerstörung im Namen des Tourismus) sowie „Die Arbeitersaga“ (über den Aufstieg und Niedergang der Sozialdemokratie in Österreich). „Roots“, eine amerikanische Serie über die Sklaverei, veränderte den Blickpunkt vieler Menschen, nicht nur, aber auch in Österreich auf die Geschichte Amerikas. Und „Holocaust“, eine tatsächlich eher schaumgebremste Darstellung der Nazigräuel, war 1979 einer der wesentlichen Auslöser dafür, das nachkriegszeitliche Schweigen in den österreichischen Haushalten über die NS-Zeit und die heimische Involvierung zu brechen. In vielen Familien wurde zum ersten Mal über diese Zeit gesprochen und so mancher Opa und so manche Oma von wissbegierigen Enkeln und Enkelinnen bedrängt. Die endgültige Wende von der Opfer- zur Täterrolle des Landes sollte dann die Affäre um Bundespräsident Kurt Waldheim bringen.

Harter Schnitt zurück zur Unterhaltung. Als Soap-Opera de luxe bezeichne ich Serien wie „Dallas“. Wobei – „Serien wie ‚Dallas‘“ ist eigentlich falsch, denn es gab keine Serie wie „Dallas“. Wieso das Familiendrama rund um ein paar texanische Ölmillionäre so ansprechend war, lässt sich im Nachhinein kaum sagen, tatsächlich war die Sendung jedoch ein weltweites Phänomen und in Österreich auch der sprichwörtliche Straßenfeger schlechthin. Ärgerlich nur, dass deutsche Zeitungen und Zeitschriften – denn fast alle Serien liefen in Österreich mit einem halben oder sogar einem ganzen Jahr Verspätung – regelmäßig große Spoiler auf ihren Titelseiten brachten („Wer erschoss J. R.?“). Immense Aufregung herrschte natürlich auch, als zwei Episoden der Serie in Wien gedreht wurden.

Nachfolgende Serien wie „Der Denver-Clan“ konnten da trotz beachtlicher Erfolge nicht ganz mithalten. Ähnliche Soap-Erfolge gelangen im deutschsprachigen Raum erst mit Serien wie „Die Schwarzwaldklinik“ oder „Das Traumschiff“ und später „Der Bergdoktor“. Apropos Soap-Opera: So ganz klassische, ganz echte gab es in dieser Zeit im öffentlich-rechtlichen

„Dallas" erfreute sich weltweit größter Beliebtheit.

Fernsehen ... gar keine. Weder eigene noch fremdproduzierte. Die kamen erst mit dem Privatfernsehen auf und wurden im ORF überhaupt sehr viel später und dann auch nur in Form von Telenovelas aufgegriffen. Was allerdings sehr wohl im ORF lief, allerdings spät nachts, war die bitterböse US-Serie „Soap", in der alles zu sehen war, was normales Fernsehen damals eher nicht zeigte, wie etwa die Affäre der Mutter mit einem viel jüngeren Tennislehrer, einen kriegsgestörten Opa oder einen schwulen Sohn.

Interessant auch, was im damaligen Fernsehangebot fehlte, nämlich jede Form von Reality-TV – außer, man möchte die Filmreihe „Alltagsgeschichte" von Elizabeth T. Spira dazuzählen.

Was gab es sonst zu sehen? Etwa die eine oder andere Tiersendung wie „Paradiese der Tiere" oder „Rendezvous mit Tier und Mensch" mit Otto Koenig, dem Schüler (und Body-Double) von Konrad Lorenz, oder Meeresabenteuer mit Hans Hass und natürlich Jacques Cousteau.

Der Konrad-Lorenz-Schüler Otto Koenig war im ORF in verschiedenen Tiersendungen zu sehen.

Humorformate waren im ORF übrigens – abgesehen von den frühabendlichen Sitcoms – nicht sehr häufig. Wenn, dann meist in Form von Kabarett, wie etwa Sendungen mit Programmen aus dem Kabarett Simpl, die es bereits in den Sechzigerjahren mit Karl Farkas unter Titeln wie „Bilanz der Saison" gab. Dazu immer wieder harmlose Spaßsendungen, etwa mit Maxi Böhm, Ossy Kolmann & Co. sowie dem lange Zeit – wiederum mangels Alternative – unvermeidlichen „Villacher Fasching". Deutscher Humor lief selten, aber doch etwa in Form von Dieter „Didi" Hallervordens „Nonstop Nonsens". Dazu spielte es manchmal Kompilationssendungen alter Slapstick-Stummfilme wie „Väter der Klamotte" und „Auch Spaß muss sein" mit Herbert Prikopa. Gelegentlich gab es auch noch so etwas wie Varietésendungen, die Ähnliches boten wie heute die unterschiedlichen TV-Talentshows, eigene der Zauberkunst gewidmeten Sendungen wie „Lodynski's Orpheum" mit Peter Lodynski und Gästen wie Magic Christian oder Ausflüge in den Zirkus. Entweder

Freddy Quinn spielt 1978 bei „Stars in der Manege" Trompete auf dem Hochseil.

herkömmlich abgefilmte Spitzenleistungen oder auch mit der ganz speziellen Sendung „Stars in der Manege", in der Prominente der Zeit für einen Zirkusauftritt trainierten und ihn dann absolvierten, egal ob mit wilden Tieren, am Trapez oder als Clowns. Ein Hauch von Erotik versprühte das Männermagazin „Jolly Joker" von Teddy Podgorski.

Besonders selten im ORF zu sehen: Science-Fiction. Neben „Raumschiff Enterprise" wurde nur ab und zu die britische Serie „UFO" ausgestrahlt, noch seltener „Nummer 6" und später die (meiner Meinung nach) verzichtbare Serie „Mondbasis Alpha 1". Ein Grenzfall, aber typisch wie kaum etwas für diese Zeit: „Knight Rider" mit David Hasselhoff und seinem sprechenden Auto. Später hängte Hasselhoff den Agentenberuf ja bekanntlich an den Nagel, um Rettungsschwimmer zu werden …

Interessant übrigens auch, was nicht lief: Manche Serien wie der US-Krimi „Starsky & Hutch" oder der Cartoon „Captain Future" wurden nicht aus dem deutschen Programm übernommen, weil der allmächtige ORF-Chef Gerd Bacher sie als zu brutal oder sonst nicht für ein österreichisches Publikum tauglich erachtete.

Manchmal war der ORF dafür wieder richtig progressiv. Die Serie „Kunst-Stücke" mit Dieter Moor etwa brachte so manches, was es sonst nicht im ORF und teilweise auch nicht im restlichen deutschsprachigen Fernsehen zu sehen gab. Natürlich viel Künstlerisches, darunter auch richtig Gewagtes wie den de-facto-Porno „Blue Movie" von Andy Warhol, die jährliche Cannes-Rolle der besten Werbefilme, (ich glaube auch)

„Die Rebellen vom Liang Shan Po“ sowie großartige Humorserien wie „Monty Python’s Flying Circus“, „Spitting Image“ oder „Dame Edna“ – fast alles in Originalsprache mit Untertiteln.

Spielfilme gab es wochentags kaum, dafür den großen Samstagabendfilm, wenn auch selten besonders aktuell. Sonntagnachmittag war die Zeit der großen Kinoklassiker, die einem sowohl Einblicke in das österreichische Filmschaffen der Dreißiger- bis Sechzigerjahre (Operetten bis Peter Alexander) vermittelte, sowie italienische und französische Filmserien wie „Don Camillo und Peppone“, „Fantomas“ oder Filme mit Brigitte Bardot. Außerdem die großen alten Hollywoodfilme von Komödien mit Billy Wilder oder sogar Laurel und Hardy über Agentenkomödien wie „Derek Flint“ bis hin zu den großen Western. Dazwischen auch europäische Western, sprich Karl-May-Filme.

Der Nachteil der Zeit vor den Videorekordern: Man konnte nicht bestimmen, wann man sich was ansah. Der Vorteil: Die meisten Serien und Filme wurden immer und immer wieder wiederholt. Was im damaligen Fernsehprogramm auch extra mit „(Wh.)“ gekennzeichnet war, bis das Kürzel überhandnahm und gecancelt wurde.

James Coburn und Gila Golan in „Derek Flint schickt seine Leiche“ von 1966

Über die große Fernsehwende durch das deutsche öffentlich-rechtliche und internationale Privatfernsehen via Kabel und Satellit auf den heimischen Bildschirmen möchte ich hier nicht lange schreiben. Vor allem, da die große Revolution diesbezüglich bei uns erst in den späten Achtziger- und frühen Neunzigerjahren stattgefunden hat. Außerdem spielten die ersten bei uns empfangbaren deutschsprachigen Sender aus dem Ausland am Anfang keine besonders große Rolle. Denn in den deutschen öffentlich-rechtlichen Sendern (und dem SRG) lief im Prinzip sowieso genau das gleiche wie im ORF. Das deutsche Privatfernsehen dagegen brachte anfangs hauptsächlich billig gemachte und teilweise sehr absurde Shows, zweitklassige Serien aus den USA und diverse oft ebenfalls zweitklassige oder alte Spielfilme, gerne

Szene aus dem Blockbuster „Der weiße Hai" von 1975

auch aus der Schmuddelecke. Erst mit den nachmittäglichen Talk-Sendungen, selbst produzierten und übernommenen Soap-Operas, abendlicher Comedy und den ungewohnten Reality-TV-Programmen nahmen RTL, SAT1, Pro7 und Tele5 langsam Fahrt auf und wurden zu ernstzunehmenden Rivalen.

Die größere Konkurrenz zum ORF-Monopol stellten jedoch – wie bereits erwähnt – die Videorekorder dar. Abgesehen von frühen Videospielen (dazu mehr in einem späteren Kapitel) ermöglichte dieses Gerät der österreichischen Bevölkerung zum ersten Mal, selbst zu bestimmen, was da auf ihrem Bildschirm zu sehen war. Zum einen selbst Aufgenommenes, das man sodann wann immer abspielen konnte, zum anderen bald zunehmend in Form von gekauften oder aus den Videotheken geliehenen Kassetten. Hier dominierten anfangs die üblichen Kinohits, aber mit der Zeit entwickelte sich auch ein Markt von Spielfilmen, Serien und Zeichentrickfilmen (nicht nur) für Kinder, die es bei uns sonst nie zu sehen gegeben hätte. Weil entweder qualitativ zu minderwertig oder aber auch zu abgefahren, schräg oder künstlerisch. Insbesondere in den fremdsprachigen Videotheken wurde man da fündig und konnte sich etwa US- oder englische Serien leihen, die es bei uns nie ins Fernsehen geschafft hatten.

Kurz zum Thema Kino: Noch in den Siebzigerjahren war auch in den USA das Drehen von großen Filmen sehr teuer. Richtige Blockbuster, meist sogenannte „Katastrophenfilme" wie „Flammendes Inferno", „Der weiße Hai", „Erdbeben" und die „Airport"-Serie oder Gruselschocker wie „Der Exorzist" oder Space-Operas wie „Krieg der Sterne" waren daher noch vergleichsweise selten. Auch auf einen neuen „James Bond" musste man ziemlich lange warten. Damals recht neu, aber ebenfalls selten waren Big-Budget-Komödien wie „Ghostbusters", „Blues Brothers", „Zurück in die Zukunft", „Beverly Hills Cop" oder „Gremlins". Statt flächendeckend Hollywood gab es also durchaus immer wieder europäisches oder sogar außereuropäisches Filmgut (etwa aus Japan) zu sehen. Darunter viele französische Komödien mit Louis de Funès oder Pierre Richard, die Teenie-Schnulze „La Boum", italienische Haudraufkomödien mit Terence Hill und Bud Spencer, französische Actionfilme etwa mit Jean-Paul Belmondo oder Alain Delon sowie das unvergleichliche Genre des Spaghettiwes-

Nur wenige österreichische Filme wie „Müllers Büro" waren im Kino wirklich erfolgreich.

terns. Österreichische Filme liefen nicht so oft im Kino, aber immerhin schafften es einige wie „Malaria" und „Müllers Büro" von Niki List oder „Exit … Nur keine Panik" von Franz Novotny mit Hanno Pöschl zu einem gewissen Kult-Status.

Besonders karg war das Gebiet der Kinder- beziehungsweise Zeichentrickfilme. Heute unvorstellbar, wo alle paar Wochen mehrere Studios um das aktuelle Kinohighlight in Computeranimation ringen. Früher liefen Kinderfilme, abgesehen von irgendwelchen Sommerreprisen, im Prinzip nur zweimal pro Jahr: zu Weihnachten der neueste Walt-Disney-Film, und weil selbst Disney damals noch nicht regelmäßig im Jahrestakt produzierte, manchmal eine Wiederholung eines alten Klassikers, und zu Ostern irgendetwas anderes, oft Filme von Disney-Epigonen wie Don Bluth („Mrs. Brisby und das Geheimnis von NIMH", „In einem Land vor unserer Zeit", „Feivel, der Mauswanderer", „Charlie – alle Hunde kommen in den Himmel") sowie oft ebenfalls Wiederholungen aus dem Studio von Onkel Walt. Aufgrund dieses schmalen Angebots sah man damals als Kind oder Jugendlicher viel häufiger als heute Komödien und andere Filme für Erwachsene, solange sie nur mit „ab 6" oder „ab 12" gekennzeichnet waren. Oder man sich irgendwie reinschummeln konnte. Fun Fact: „Krieg der Sterne" war damals „ab 16", als der Film in Österreich startete!

„Krieg der Sterne" hatte damals in Österreich das Prädikat „Jugendverbot" und konnte erst ab 16 im Kino bestaunt werden.

Nun gut, nachdem man ganze Bücher über die Filmkultur der Siebziger- und Achtzigerjahre schreiben könnte beziehungsweise es solche Bücher ja auch durchaus gibt, wollen wir es dabei belassen.

Wer nicht fernsah – und tagsüber konnte man das ja auch in den Siebzigerjahren kaum –, hörte Radio. Wobei die drei verfügbaren Sender alle noch sogenannte Vollprogramme waren. Das heißt, sie boten alle sowohl Musik als auch Nachrichten und Sprachsendungen, aber eben für unterschiedliche Zielgruppen: Ö1 für Ältere, Konservative und die gehobene Bildungsschicht, Ö-Regional für die breite Bevölkerung, Ö3 anfangs für progressive Menschen und die Jugend. Heute, in einer Zeit der Spartensender, die eigentlich alle Musiksender sind und sich gerade einmal durch die Art der Genres unterscheiden, fast undenkbar. Nur Ö1 ist mit seiner Mischung aus klassischer Musik, Opernübertragungen, Nachrichten-, Diskussions-, Bildungs- und

Lore Krainer, Peter Wehle und Gerhard Bronner vom „Guglhupf"-Team

Spezialsendungen, etwa zum Thema Konsumentenschutz, Kabarett, Büchern oder Wissenschaft und Technik … im Wesentlichen erhalten geblieben. Und hat sogar viele Bereiche von Ö3 (!) geerbt. Dazu gleich.

Das lokale Ö-Regional, oder wie es heute heißt, „Radio Wien", bot ebenfalls ein Vollprogramm. Natürlich gab es dort viel Musik, in diesem Fall mit Schwerpunkt auf Schlager (wenn auch in Wien schon immer weniger als in anderen Regionalprogrammen), Wienerliedern und leichter Klassik wie Operette, die man sich teilweise sogar in Sendungen wie dem „Wunschkonzert" aussuchen konnte. Dazu gesellten sich jedoch unter anderem eine nachmittägliche Sendung, bei der Handwerker vorgestellt wurden („Verachtet mir die Meister nicht" – keine Ahnung, warum mir gerade die in Erinnerung geblieben ist), ein eigenes Betthupferl namens „Das Traummännlein kommt" oder auch Quizsendungen, wie der in allen Regionalprogrammen Österreichs gleichzeitig übertragene Bundesländerwettstreit „Österreich-Rallye" am Sonntagabend mit Herwig Wurzer, bei dem für jede Runde – sehr aufregend! – zwischen den verschiedenen Landesstudios hin- und hergeschaltet wurde. Am Sonntag in der Früh wachte der Wiener mit Heinz Conrads und seiner Live-Sendung „Was gibt es Neues?" auf und konnte sich danach über teilweise extrem böse politische Satire mit den Sendungen (historisch-chronologisch) „Der Watschenmann", „Ihr Aufguss bitte" und schließlich „Der Guglhupf" mit Gerhard Bronner, Peter Wehle, Lore Krainer und Herbert Sobotka amüsieren. Wobei sich der Name Guglhupf eigentlich nicht auf das Gebäck bezog, sondern auf einen alten Spottnamen für die alte Wiener Irrenanstalt „Narrenturm".

1967 wurde der Radiosender Ö3 gegründet.

Das allermächtigste Flaggschiff der Radio-Regionalprogramme war allerdings die Mittagsinformations- und Talk-Sendung „Autofahrer unterwegs". Die Sendung lief von 1957 bis 1999 (!) täglich werktags um die Mittagszeit, wurde von jedem gehört, also nicht nur von Autofahrern, und war, als sie noch lief, die am längsten laufende Radiosendung der Welt. Sie lieferte eine Mischung aus tatsächlich Verkehrsberichterstattung und Tipps rund um das Auto mit Musik, Talks mit prominenten Gästen und Comedy-Elementen wie dem montäglichen Auftritt von „Herrn Montag" Ossy Kolmann. Die Sendung wurde tatsächlich oft auch „unterwegs" aus verschiedenen Landesteilen und manchmal vor Live-Publikum ausgestrahlt, und auch das prägnante „Mittagsgeläut" von abwechselnden Pfarrkirchen aus ganz Österreich um Punkt zwölf Uhr war extrem prägend. Obwohl ich erst später realisierte, dass es sich dabei wohl kaum um Liveübertragung eines ORF-Sendeteams vor Ort handelte, sondern um Aufnahmen …

Das dritte Programm Ö3 entstand 1967 als Nebenwirkung des damals neuen Rundfunkgesetzes und sollte vor allem diese ganze „junge neue wilde Musik" abdecken, die in den anderen Sendern kaum Platz fand. Kurz: Ö3 war ein Popsender. Aber nicht nur. Damals ebenfalls ein Vollprogramm, bot es auch Informationssendungen wie „ZickZack" mit Reportagen über das Berufsleben Jugendlicher, Schule oder Beziehungsprobleme, dazu das Konsumentenmagazin „Help", ein akustisches Feuilleton namens „Der Schalldämpfer" von und mit Axel Corti, die legendäre „Musicbox", die regelmäßig über den engen musikalischen Tellerrand der sonstigen Programme blickte und sogar regelmä-

Das Team von Ö3 1975: Rudi Klausnitzer, Ernst Griesemann und Brigitte Xander

ßig eine ganze LP abspielte, sowie eine Reihe von Sendungen, die gewissen Musiksparten gewidmet waren. Etwa Jazz-Sendungen wie „Vokal – Instrumental – International" mit Walter Richard Langer, Evergreens, Soul und Blues in „Music Hall" mit Günther Schifter („Schellacks, Schellacks, Schellacks!") oder Chanson-Sendungen mit Louise Martini („Mittags-Martini" und „Martini-Cocktail") und Gerhard Bronner („Schlager für Fortgeschrittene"). Dazu Mischformate wie „Sport und Musik", Quizsendungen wie das sonntägliche „Das 100.000 Schilling Quiz" mit Brigitte Xander oder Comedy wie „Salon Helga" mit Christoph Grissemann und Dirk Stermann. Auch das Nachrichtenlangformat „Mittagsjournal" wurde auf Ö3 ausgestrahlt. Den Sendeabschluss bildete die sanfte „Musik zum Träumen".

Nachdem Ö3 1996 zum Flächenformat mit 24 Stunden Popmusik mutierte, wichen viele der ehemaligen Programme beziehungsweise deren Inhalte auf andere Radiosender aus. So fand der Jazz neben einigen anderen Musiksparten wie Chanson oder Weltmusik auf Ö1 seine neue Heimat, dazu das Konsumentenmagazin „Help". „Das 100.000 Schilling Quiz" wich ins Regionalprogramm aus, und „Salon Helga" wurde zum Nukleus aller legendären FM4-Humorsendungen wie später „Projekt X".

Am deutlichsten erinnert man sich als Zeitzeuge aber natürlich an zweierlei aus dieser Zeit: den locker-flockigen Morgenbeginn mit dem Ö3-Wecker, zeitweise aufgepeppt durch einen morgensportlich rappenden Falco und Weisheiten des geheimnisvollen Fabeltiers „Dschi Dsche-i Wischer Dschunior" von Christine Nöstlinger und natürlich die Ö3-Hitparade („Hit wähl mit: 656731 – 656731!"), lange Zeit mit Udo Huber. Diese wurde sklavisch verfolgt, auf Musikkassetten aufgenommen – natürlich nur die jeweiligen Lieblingslieder –, wobei Moderatoren, die beabsichtigt oder unbeabsichtigt gnadenlos in die Intros der Lieder quatschten, lautstark verflucht wurden. Was diese teilweise dazu bewog, manche Lieder extra mit dem Versprechen anzukündigen, nicht in den Vorlauf hineinzusprechen. Legendär …

Günther „Howdy" Schifter moderierte unter anderem die Sendung „Music Hall", später als „Günther Schifters Schellacks" bekannt.

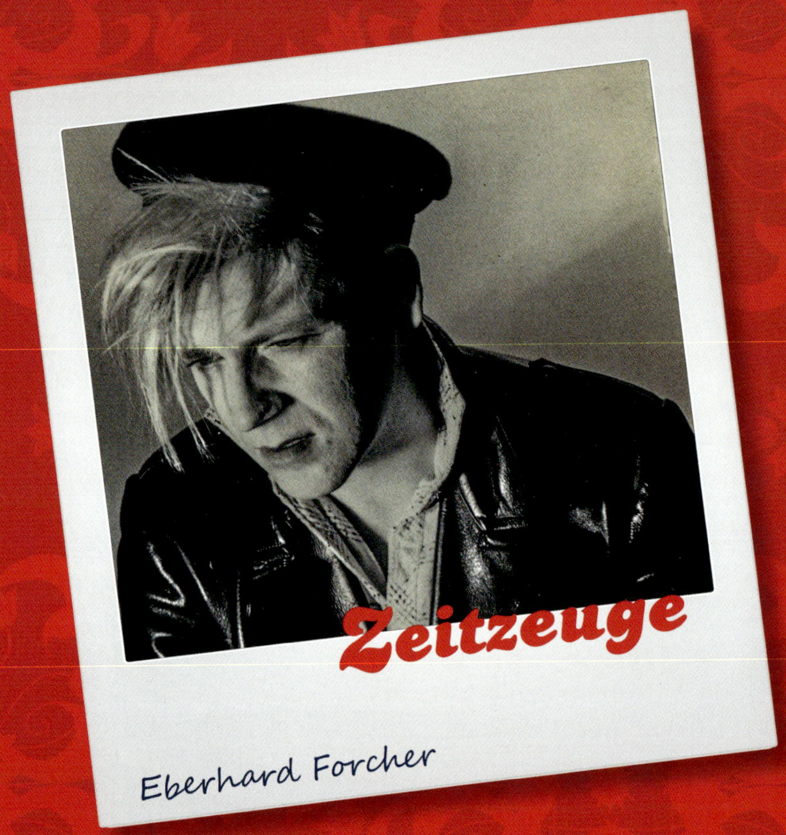

Mit 15 Jahren war es soweit: Ich konnte mir vom Lohn meines Ferialjobs einen Philips-Kassettenrekorder leisten. Von jetzt an saß ich dann während der Ö3-„Musicbox“ mit dem Rekorder vor dem Radiogerät und schnitt eifrig mit. Nicht per Kabel (gab keinen Anschluss), sondern mit dem eingebauten Mikrofon. Die Tonqualität natürlich beschissen, aber immerhin hatte ich meine Lieblingssongs auf Kassette. Hab mir die dann am Abend im Bett angehört, bis ich dann schlussendlich eingeschlafen bin. Ende gut, alles gut? Denkste. Irgendwann weckt mich ein unsäglicher, durchdringender Pfeifton. Nach dem ersten Schock, stelle ich fest, dass damit offenbar angezeigt werden sollte, dass die Kassette fertig abgespielt war. Das war so extrem nervig jedes Mal, und ich verstehe bis heute den Sinn dahinter nicht.

LPs, MCs und CDs

Individuelle Beschallung

Natürlich war man auch in den Siebzigerjahren dem Angebot von Radio und Fernsehen nicht völlig hilflos ausgeliefert. Um Musik individuell zu konsumieren, gab es bereits seit Jahrzehnten diverse Trägermedien, in erster Linie in Form von Schallplatten.

Zuvor aber noch ein kleiner Erinnerungssplitter: Straßenmusiker kennt jeder, mittlerweile zwar oft von musizierenden Bettlern zu probeweise performenden Jungkünstlern oder musizierenden Globetrottern gewandelt, aber es gibt sie. Was es nicht mehr gibt, und ich kann mich tatsächlich als Zeitzeuge noch daran erinnern, sind Hofmusiker. In einer Zeit, in der manchmal noch Scherenschleifer und Hausierer an Türen läuteten, um ihre Dienste oder Waren anzubieten, existierten – wenn auch nur noch selten – die letzten sogenannten Hofmusiker. Ihre Urenkel sind die heute in U-Bahnen rasch zwischen zwei Stationen illegal aufspielenden Musiker. Quasi ein akustischer Hit-and-Run-Job also. Damals streiften sie, meist mit einer Ziehharmonika bewaffnet, in die größtenteils noch nicht durch Gegensprechanlagen oder einfach so versperrten Häuser, betraten den Hof und begannen zu musizieren. Schlager, „Zigeunermusik“, eingängige Operettenmelodien … die leichte Muse eben. Diese sehr alte Tradition stammte tatsächlich aus einer Zeit, in der es noch kein Radio und keine Schallplatten gab. Aber sie überlebte zumindest noch bis in die späten Sechziger- oder frühen Siebzigerjahre. Interessierte Anwohner öffneten die Fenster oder lehnten sich daraus hervor und hörten dem Musiker zu. Selten wurde geklatscht, häufiger Kleingeld aus den Fenstern in den Hof geworfen. Meist hatte der Musiker einen Begleiter, der das Geld einsammelte. Auch ich durfte ab und zu ein paar Münzen in den Hof werfen. Aber das war schon damals nicht mehr typisch, ich habe es nur deshalb aufgenommen, weil ich es interessant finde, wie Traditionen, die man eher vor 100 Jahren oder mehr vermuten würde, teilweise tatsächlich noch vor 50 Jahren existierten.

Doch zurück zu den Tonträgern. Schallplatten waren der Standard. Praktisch jeder Haushalt hatte einen Schallplattenspieler und eine kleine, aber feine Sammlung. Nach eigenem Geschmack, klassische Konzerte und Opern bei den einen, Operetten und Musicals bei den anderen, Schlager oder Heurigenmusik bei vielen. Oder gemischt. Hausfrauen legten die Platten bei der Hausarbeit auf, gelegentlich lauschte die Familie gemeinsam am Abend dem einen oder anderen Tonkünstler. Und zu Weihnachten den Weihnachtsplatten von Heintje oder Peter Alexander. Aber meistens lief doch eher das Radio oder der Fernseher.

Noch ein Einschub: In vielen Haushalten stand ein Piano, und mindestens eines der Familienmitglieder konnte es auch bedienen. Klavierstunden waren vor allem in den mittleren bis höheren Bildungsschichten fast Standard. Manchmal beherrschte jemand auch ein anderes Instrument. Dennoch wurde nur noch selten heimmusiziert. Vielleicht gerade am Heiligen Abend, manchmal zu Geburtstagen oder seltener, wenn Besuch kam, wobei da meist die Kinder vorgeführt wurden. Tatsächlich waren die Alternativen aus dem Äther und vom Plattenspieler bereits damals stärker, wohl auch, weil musikalisch einfach besser. Und abwechslungsreicher.

Ein Schallplattenspieler bot die Möglichkeit, sich musikalisch frei zu entfalten.

Doch zurück zu den Plattenspielern. Die boten natürlich durch ihre Existenz auch dem Nachwuchs die Möglichkeit, sich musikalisch frei zu entfalten. Besonders Musik, die nicht im Radio lief oder nach individuellem Ermessen nicht oft genug, konnte hier abgespielt werden. Egal ob es sich um Hitparaden-Pop oder etwas aus dem Bereich Underground und Alternative handelte. Rasend teuer waren einfache Plattenspieler nicht, weshalb auch viele Kinder- beziehungsweise Jugendzimmer ein eigenes Gerät aufwiesen. Im Gegensatz dazu waren die Tonträger selbst ziemlich kostspielig. Oft griff man zähneknirschend zu einer Single (in meiner Erinnerung um rund 50 Schilling) eines Sängers, einer Sängerin oder einer Gruppe, statt in eine ganzen LP (in meiner Erinnerung um rund 160 Schilling) mit etwa zwölf Liedern zu investieren. Jedenfalls zwölf, was Original-LPs von Originalinterpreten betraf. Bei preisgünstigeren Compilations und

Jugendliche in der Schallplattenabteilung eines Kaufhauses, 1970

Schallplatten niedrigerer Qualität waren es oft mehr. Allerdings musste man da wieder darauf achten, dass die Lieder tatsächlich authentisch waren und nicht von irgendjemandem nachgespielt oder nachgesungen. Natürlich florierte auch der Tauschhandel. Und viele Musikbegeisterte pilgerten zu Secondhandläden oder auf Flohmärkte und Börsen, um das eine oder andere seltene Stück günstiger – oder überhaupt – zu erwerben. Leute, die von Ferienaufenthalten etwa in England oder den USA Schallplatten mitbrachten, wurden geradezu heldenhaft verehrt. Die stolzen Besitzer luden dann natürlich zum gemeinsamen Hören ein, wie überhaupt das gemeinsame Hören von Schallplatten eine durchaus beliebte und gängige Freizeitbeschäftigung war.

Ich erinnere mich noch daran, wie ich von einem Sprachaufenthalt in England die Single „I don't like Mondays" der Boomtown Rats mitbrachte, die zu diesem Zeitpunkt in England bereits der absolute Tophit war, während bei uns noch überhaupt niemand davon gehört hatte.

Eine immens bedeutende Alternative sowie eine geradezu traumhafte Erweiterung der Möglichkeiten stellte dann die Musikkassette dar. Die gab es zwar bereits in den Sechzigerjahren, aber ihren eigentlichen Siegeszug erlebte sie in den Siebzigern, ja, man könnte ohne Weiteres behaupten, die Siebzigerjahre wären *das* Jahrzehnt der Musikkassette gewesen. Nun waren Tonbänder an sich schon lange nichts Besonderes, alle Radiostationen und viele andere Anwender benutzten sie als Speichermedium, und es gab auch Tonbandgeräte für den privaten Gebrauch – aber die handlichen Musikkassetten revolutionierten einfach alles. Zum einen erschienen praktisch alle LPs auch im MC-Format, zumindest die von populären Interpreten, und sie waren meist etwas billiger als die Platten. Zum anderen ermöglichten die Kassetten*rekorder*, wie der Name schon sagt, auch die Möglichkeit der Aufnahme! Damit konnte man zum einen Radiosendungen oder Lieblingslieder aus dem Radio aufzeichnen (siehe voriges Kapitel), aber noch viel wichtiger: Es war möglich, mit einer einfachen Kabelverbindung ganze Schallplatten auf Tonbänder zu bannen! Der Qualitätsverlust war verkraftbar, und auf einmal vermochte man seine Musikbibliothek auf die einfachst denkbare Art zu vervielfachen! Sogar das Überspielen von Kassette zu Kassette war

MCs konnte man bespielt kaufen oder ganz individuell selbst gestalten.

bei sogenannten Doppelkassettendecks machbar, bei manchen sogar mit doppelter Geschwindigkeit, und weit verbreitet. Was zwar einen weiteren Qualitätsverlust mit sich brachte, aber egal! Die meisten Jugendlichen gaben ihr Geld sowieso nicht für irgendwelche teuren metallbeschichteten Luxusversionen der Kassetten aus, sondern kauften die billigsten im Fünfer- oder Zehnerpack. Übrigens konnte man – Lifehack anno 1975 – überspielte Kassetten durch das Herausbrechen eines kleinen Plastikteils am oberen Rand vor dem erneuten Überspielen sichern. Umgekehrt wurden durch das Überkleben des kleinen Lochs mit Tixo auch gekaufte, von Haus aus gesicherte Kassetten zu „Leerkassetten". Was allerdings wenig effektiv war, weil die Kaufkassetten meistens analog zu den LPs gerade einmal 30 Minuten Aufnahmezeit pro Seite boten. Genau das war ein weiterer Vorteil von Musikkassetten: Es gab sie nicht nur in 60, sondern auch in 90 und sogar 120 Minuten Länge! Damit konnte man deutlich mehr als eine LP, zum Beispiel die damals weit verbreiteten Doppel-LPs auf eine einzige Musikkassette bannen. Die längeren Bänder waren allerdings leider oft auch dünner und führten weitaus öfter zu dem gefürchteten Bandsalat.

Und damit sind wir bei der negativen Seite dieser revolutionären Technik angekommen. Denn im Gegensatz zu LPs, die ziemlich robust waren, wenn man sie nicht gerade absichtlich mit Wucht zu Boden schmetterte, waren Musikkassetten etwas empfindlich. Besonders beim oftmaligen Vor- und Zurückspulen lockerte sich die Wicklung öfters, das Band blieb im Gerät hängen oder riss sogar, und die Musik stockte. In den meisten Fällen ließ sich das Malheur allerdings durch das vorsichtige Herausziehen des Bandes oder der Bandteile aus der Maschine und dem darauffolgenden vorsichtigen Aufrollen mit einem Bleistift oder vorzugsweise Bic-Kugelschreiber, dessen eckige Form perfekt in das Rad passte, des Bandes auf die dünnen Rädchen beheben. Danach empfahl es sich allerdings, die Kassette ein oder zweimal ganz vor- und zurückzuspulen. Auch wenn das Band gerissen war oder erst bei dieser Prozedur riss, war noch nicht alles verloren! Mit einem auf die Breite des Bandes zurechtgeschnittenen (seltener professionellem) Klebestreifen ließ es sich wieder zusammenflicken. Was zwar zu einem kleinen Störgeräusch oder dem Fehlen einer Sekunde beim Abhören (leider auf beiden Seiten) führte, aber immerhin, der Rest war gerettet! War die Verwicklung des Bandes allerdings *in* der Kassette, war die Sache etwas schwieriger. Wenn alles vorsichtige Zupfen und Ziehen nichts brachte, musste man die Kassette aufschrauben oder an der Schweißnaht aufbrechen, um ans Innere zu gelangen. Hier waren allerdings Pinzetten und Fingerspitzengefühl gefragt, denn wenn die lose auf ihren Verankerungen liegenden Bandrollen einem

Bandsalat zu beseitigen erforderte Geduld.

Kleine Kassettenrekorder machten die eigene Lieblingsmusik tragbar.

bei dieser Prozedur aus der Hand fielen und sich abrollten, konnte man nur noch den Totalschaden beklagen.

Ein weiterer, wenn auch geringfügigerer Nachteil war das kaum mögliche gezielte Ansteuern von Liedern. Bei LPs konnte man das durch das Aufsetzen der Nadel wortwörtlich selbst in die Hand nehmen und erkannte tatsächlich an der Optik der Rillen, wo ein Lied endete und das nächste begann. Bei Kassetten bedeutete das Auffinden eines Liedanfangs mühsames Herumspulen, besonders bei 90- oder 120-Minuten-Bändern, selbst wenn manche Geräte für diesen Zweck ein Zählwerk besaßen.

Insgesamt und als Ganzes stellte die Musikkassette jedoch eine Revolution dar. Sie bestand fast durchgehend aus Plastik, noch dazu aus wenig Plastik, und war daher allein vom Materialwert her billig. Was nicht nur zu haufenweise privat kopierten Kassetten führte, sondern auch zu einer Flut von Raubkopien, die man vor allem im Urlaub erwerben konnte, wenn man sich in einem Land befand, das keine Copyright-Verträge mit den Urhebern hatte oder wo derartige Dinge sehr lax gehandhabt wurden. Ich habe immer noch eine Kassette mit Filmmusik von Ennio Morricone aus San Marino und eine hochwertige Komplettsammlung aller Beatles-Lieder, teilweise mit Songtexten im Booklet auf zehn MCs, Geschenk einer Freundin, die sie einst in Südostasien erworben hatte.

Und noch einen weiteren Vorteil boten die eigentlich CC (Compact Cassette, Kompaktkassette) genannten Dinger: Sie machten Musik tragbar! Zwar gab es auch batteriebetriebene Schallplattenspieler, die man zu einem Picknick oder zu einer Party mitnehmen konnte. Aber das war heikel, schon allein deswegen, weil die Schallplatten, die man dann natürlich in einem Schallplattenkoffer transportierte, grundsätzlich zerbrechlich waren. Musikkassetten waren in ihren Plastikverpackungen beim Transport dagegen grundsätzlich sicher (außer man tat sich an ihren spitzen Ecken weh). Dennoch waren auch die ersten gängigen Radiorekorder nur mäßig transportfähig. Und mit einem der bis zu nur faustgroßen Transistorradios war man wieder vom Rundfunk abhängig.

Das alles änderte sich schlagartig mit dem – sagen wir es alle gemeinsam – Walkman! Diese Geräte, für deren Erfindung eine ganze Generation der Firma Sony auf ewig zu Dank verpflichtet sein wird, kamen zwar erst Ende der Siebzigerjahre auf, verlängerten aber die Hochzeit der Musikkassette um viele, viele Jahre. Eigene, individuell gestaltete – vielleicht sogar persönlich als Mixtape zusammengestellte – Musik, immer und überall, über Kopfhörer! On-Ear mit orangem Schaumstoff. Einfach ein Traum. Sogar, als es schon CDs gab, wurden diese deswegen noch häufig auf Musikkassette überspielt.

Noch mobiler war man mit einem Walkman unterwegs wie hier Reinhard Fendrich 1981.

Übrigens gab es natürlich auch Musikkassetten ohne Musik – aber dazu ein wenig später. Vorerst bleiben wir noch bei dem, was man vornehmlich auf den LPs und MCs so hörte. Ähnlich zum Thema Kinofilm im vorigen Kapitel, lassen sich die Aufs und Abs von musikalischen Moden über mehrere Jahre kaum und noch viel weniger über zwei Jahrzehnte sinnvoll abbilden. Vor allem wenn man die verschiedenen Wellen für verschiedene Zielgruppen – Schlager, Volksmusik, Pop, Rock, Alternative, Jazz – miteinbeziehen möchte. Darüber hinaus sind gerade Rückblicke auf die Musik bestimmter Jahrzehnte etwas, das sowieso immer wieder thematisiert wird, durch Neuaufnahmen, Cover oder prominente Auftritte in Filmen. Siehe „Hooked on a Feeling (Ooga-Chaka Ooga-Ooga)" von Blue Swede, eigentlich selbst bereits ein Cover, das durch den Film „Guardians of the Galaxy" 2014 nicht nur erneut zum Hit wurde, sondern sogar eine Renaissance von Musikkassetten, Mixtapes und Walkmen auslöste. Daher hier nur ein grober nostalgischer und sicher auch individuell geprägter Überblick über das Musikgeschehen der damaligen Zeit.

Was Österreich und Wien betraf, waren die Siebzigerjahre vor allem die große Zeit des Austropop. Natürlich hörte man

Schmusesänger Rod Stewart im pastelligen 80er-Jahre-Outfit

auch alle anderen internationalen Hits, aber das unerwartete Auftauchen und die massive Präsenz im eigenen Land produzierter Musik ist seit damals unerreicht. Der Austropop lebte auch noch in den Achtzigerjahren kräftig weiter, wo er sich mit anderen Trends wie der Neuen Deutschen Welle mischte. Und starb auch dann nicht komplett, sondern besteht heute, wenn man so will, durch die verschiedenen neuen auf Deutsch und im Dialekt singenden österreichischen Interpreten weiterhin. Aber etwas schaumgebremster. Denn damals füllten österreichische Stars regelmäßig genauso riesige Konzerthallen oder sogar Stadien wie international angereist Top-Acts.

Was die sonstige Musik betraf, traf man in diesen beiden Jahrzehnten auf eine erstaunliche Gleichzeitigkeit von wirklich sehr unterschiedlichen Stilen. Soll heißen: In den Hitparaden fand sich schon fast schlagerartiger Schmusepop (sagen wir einmal: Bay City Rollers, Rod Stewart, Gazebo, Culture Club, Barbra Streisand) Seite an Seite mit Mainstream-Pop wie ABBA, Donna Summer, BeeGees, Village People und anderen Discogrößen wie Boney M., Silver Convention oder Baccara, später Michael Jackson oder Madonna, Supertramp, Cindy Lauper, Wham!, A-Ha, Police, Modern Talking, Italo-Pop (prototypisch Adriano Celentano), Rock (die immer noch aktiven Rolling Stones, Queen, The Who), Hardrock (Deep Purple, Aerosmith, AC/DC, Van Halen), Schrägerem (Blondie, Pink Floyd, Prince, Madness, Mike Oldfield, Adam and the Ants), Akustik-Hits (Popcorn, Axel F, Peter Gunn, Chariots of Fire), TV-Titellieder („Sandokan" oder „Orzowei" von Oliver Onions), Reggae (Bob Marley, UB40), Neue Deutsche Welle (DAF, Trio, Peter Schilling, Nena, Tom Pettings Hertzattacken, Blümchen Blau, Chuzpe, Minisex, Rosachrom, DÖF), engagierten Liedermachern (Konstantin Wecker), den ersten Rap-Songs oder sogar Punk (Sex Pistols, Nina Hagen). Innerhalb einer „Hit wähl mit"-Sendung konnte man auf die unterschiedlichsten Arten von Musik treffen, und auch in den Bravo-Charts lebten die Genres einträchtig nebeneinander. Die Unterschiedlichkeit war zeitweise gigantisch, besonders wenn dazwischen auch noch Scherzsongs („Star Trekkin' Across the Universe"), Comedy- oder Kabarett-

Helga Feddersen und Dieter Hallervorden mit der „Grease"-Parodie „Du, die Wanne ist voll" in der ZDF-Hitparade, 1979

Nummern („Der Nippel“ von Mike Krüger, alles von Frank Zander) oder Parodien („Du, die Wanne ist voll“ von Dieter Hallervorden und Helga Feddersen oder „Dadada – Die deutsche Welle macht mir Spaß“ von Karl Dall) plötzlich die Hitparade erklommen. Dazwischen natürlich eben österreichische und seltener deutsche Lieder unterschiedlichster Stilart, durchaus auch einmal von Reinhard Mey („Über den Wolken“), Udo Jürgens („Aber bitte mit Sahne“, „In diesem ehrenwerten Haus“) oder Ludwig Hirsch („Geh' spuck den Schnuller aus“). Und natürlich, wie eingangs bemerkt, die unter dem im Detail unpassenden Gesamtlabel „Austropop“ zusammengefasste Musik. Die in Wirklichkeit von internationalem, sogar oft Englisch gesungenem Pop (Opus, Reinhard Bilgeri, Falco) über Dialekt-Hadern (STS, Stefanie Werger, Wolfgang Ambros), Chansons (Georg Danzer in späteren Jahren, Maria Bill) und übersetztem Pop (Ostbahn-Kurti & die Chefpartie) bis zu Comedy (Erste Allgemeine Verunsicherung, K. G. B., Reinhard Fendrich am Anfang) oder „Alpenpop“ (Wilfried, Hubert von Goisern) reichte. Die Abwechslung und Unterschiedlichkeit innerhalb dieses Überbegriffs waren gigantisch. Wobei die meisten Leute damals natürlich nur Fans einer bestimmten Gruppe oder Richtung innerhalb des Genres waren und sich gerade durch ihren Musikgeschmack gerne und heftig von anderen abgrenzten.

Dialektsänger, Austropopper, Liedermacher: Georg Danzer in den 1970er-Jahren

Meine Entschuldigung übrigens an dieser Stelle für die fast zufällige Auswahl von Interpreten und Titeln in obenstehender Auflistung und vielleicht auch für deren Zuordnung, die möglicherweise nicht mit der Einschätzung jedes Fans oder Musikexperten einhergeht. Es geht hier aber nicht um eine musikwissenschaftlich genaue Aufarbeitung, dafür wäre in diesem Buch nicht genug Platz,

Falco – DER Austro-Pop-Star schlechthin

sondern eher um das dominierende musikalische Lebensgefühl der damaligen Zeit.

Kurz zusammenfassen würde ich persönlich die Genres von Anfang der Siebziger- bis Ende der Achtzigerjahre so: Pop-Rock, Disco, Neue Deutsche Welle, Reggae, Rap, Mainstream-Pop.

Aber verlassen wir dieses unsichere Terrain, bevor ich mich noch völlig in Widersprüchen verheddere oder in einer künftigen Protestwelle unterschiedlicher Musikgeschmäcker und abweichender Meinungen der geneigten Leserschaft untergehe.

LPs und Musikkassetten wurden, wie kurz schon angerissen, natürlich nicht nur für Musik genutzt. Besonders LPs waren das bevorzugte Trägermedium für (österreichische) Kabarettisten, jeweils aktuelle (Hans-Peter Heinzl) und Kompilationen oder Neuauflagen der Klassiker (Karl Farkas, Ernst Waldbrunn, Gerhard Bronner, Helmut Qualtinger, Georg Kreisler). Dazu kamen dann die ersten großen,

Auch in Österreich war Otto der Hit.

hallenfüllenden Spaßmacher wie natürlich Otto Waalkes, Mike Krüger oder Fredl Fesl, deren Platten und auch schon Musikkassetten auf- und abgehört wurden, und die so mancher mitsprechen konnte oder bis heute auswendig kann.

Ein anderer Bereich waren die Hörspiele. Waren diese bereits auf LP weit verbreitet, vor allem die Hörspielfassungen von Disney-Filmen oder von Astrid-Lindgren- sowie Erich-Kästner-Büchern – teilweise von ihm selbst gelesen –, explodierte der Markt mit den Musikkassetten endgültig. Ich bin schon kurz im Alltagskapitel darauf eingegangen, aber Hörspielkassetten sollten ab den Siebzigerjahren für Jahrzehnte das bestimmende Medium vor allem für jüngere Kinder werden und bleiben.

Daneben gab es auch (literarische) Hörspiele für Erwachsene, Theateraufzeichnungen, politische LPs mit historischen Aufzeichnungen und Reden oder ebenfalls in Musikform, von alten Revolutions- und Arbeiterliedern bis hin zu zeitgenössischen Produktionen („Proletenpassion" der Schmetterlinge, Wolf Biermann).

Nur mit einem Filmprojektor ließen sich (Urlaubs-)Filme bequem zu Hause ansehen.

Auch Musikbereiche, die man selten oder nie im Radio hörte, wurden, wie eingangs erwähnt, bevorzugt auf Platten konsumiert. Filmmusik (John Williams, Ennio Morricone), Musicals („Cats"), Filmmusicals („Hair", „Tommy", „Grease", „Jesus Christ Superstar", „The Rocky Horror Picture Show") bis hin zu diversen Nischen wie Jazz, Soul, Blues oder auch Punk. Oder individuell auf Kassetten überspielt. Es war also durchaus auch damals bereits möglich, sich ganz ohne Spotify oder YouTube Music seine eigene Playlist zusammenzustellen.

Last not least waren die MCs natürlich das bevorzugte Medium für musikalische Liebesbriefe (als Mixtapes mit oder ohne dazwischen aufgenommene akustische Botschaften), eigene musikalische Versuche und Demo-Tapes hoffnungsvoller Bands.

Nun zu visuellen Medien – abgesehen vom Fernseher. Auch die gab es schon in den Siebzigerjahren in manchem Haushalt. Stichwort Schmalfilm. Allerdings hatte nicht jede Familie so einen Projektor. Die waren eher selten und vor allem jenen vorbehalten, die auch eine Schmalfilmkamera besaßen und damit vor allem Urlaubsfilme herstellten. (Meist waren das dieselben, die auch gerne alle Verwandten und Bekannten zu endlosen Dia-Abenden

Mit dem View-Master konnte man Filmbilder in 3D betrachten.

vergatterten.) Seltener besaß jemand gekaufte Filme und noch viel seltener, geradezu eine Sensation, solche mit Tonspur! Daher kamen damals auf diese Weise nur wenige in den Genuss, (meist gekürzte) Kinofilme (mit zahlreichen Unterbrechungen zum Rollenwechsel) im Heimkino vorgeführt zu bekommen. Und wenn, dann natürlich immer wieder dieselben.

Auf zwei Besonderheiten im Kinderbereich möchte ich in diesem Zusammenhang noch hinweisen. Mit dem „View-Master" konnte man sich auf kleinen Papierscheiben aufgebrachte Filmbilder (Dias) ansehen, oft aus Spielfilmen oder mit bekannten Charakteren wie Disney-Figuren. Allerdings war der View-Master als stereoskopisches Gerät konzipiert, mit dem man die Bilder also dreidimensional betrachten konnte. Was mich als Kind maßlos irritiert hat, weil ich etwa die Abenteuer von Donald Duck nicht wie gewohnt als gezeichnete Comics, sondern nachgestellt mit seltsamen, dafür dreidimensionalen Plastilinfiguren verfolgen konnte. Die Kurzfassung der Handlung war auf den Papierscheiben aufgedruckt. Das andere war das Dux-Kino. Ein echter Filmprojektor (!) als Spielzeug mit als Endlosschleife in einer runden Kassette verpackten Filmclips, oft aus alten Zeichentrickfilmen. Immer nur ein paar Minuten lang und nur bei den teureren Luxuskassetten in Farbe. Der Projektor war außerdem ziemlich lichtschwach und warf nur ein kleines Bild. Aber angesichts der Alternativen – nämlich gar keine – eine Sensation. Ich kann stolz vermelden, dass ich beides besaß und auch damals schon bereits extrem stolz besuchenden Schulfreunden vorführte.

Diese kärgliche audiovisuelle Frühzeit endete natürlich abrupt im Zeitalter der Videokassetten. Die man kaufen, leihen, selbst aufnehmen, ausborgen und tatsächlich auch durch das Zusammenhängen zweier Videorekorder selbst überspielen konnte! Und auch die noch übergebliebenen aktiven Schmalfilmer konnten nun zu klobigen VHS-Videokameras wechseln.

Exkurs, weil es sonst nirgendwo dazu passt: Die Siebzigerjahre brachten die Revolution der zwar sofort selbst entwickelten Polaroid-Fotos, oft optisch alles andere als perfekt. Und die Achtzigerjahre bescherten uns sodann die Lomografie, bei der die Herstellung von optisch alles andere als perfekten Fotos die Hauptintention war.

Das VHS-System setzte sich bei den Videorekordern schließlich durch.

Lange gab es keinen einheitlichen Standard für Videorekorder. Abgesehen von den massigen Anfangskassetten aus Experimentalzeiten etablierten sich dann vor allem drei Systeme, die miteinander konkurrierten: VHS, Betamax und Video 2000. Den sogenannten „Formatkrieg“ entschied schließlich VHS für sich. Zum einen einfach aufgrund der bereits vorhandenen breiten Masse an Geräten und Kassetten, auch wenn die anderen Formate teilweise technisch besser waren. Zum anderen: siehe Kapitel 11. Übrigens konnte man auch Bandsalate von VHS-Kassetten beheben, mit vergleichbaren Methoden wie oben bei den Musikkassetten beschrieben.

Nun zu den Kompaktscheiben, Compactdiscs, kurz CD. Die Achtzigerjahre werden gerne als das Jahrzehnt der CDs bezeichnet, und sie wurden auch unzweifelhaft damals erfunden und eingeführt, galten als modern und schick. Aber es dauerte ziemlich lange, bevor sich die CD tatsächlich als Standardmedium für Musik durchsetzte. Die Gründe dafür waren vielfältig. Zum einen waren sie extrem teuer, um nicht zu sagen ungerechtfertigterweise extrem überteuert, denn – um bei der schon vorher genannten gefühlten Erinnerung für Preise zu bleiben – eine CD mit dem gleichen Inhalt wie eine Schallplatte kostete statt 160 Schilling eher 220 oder 240. Und das war durchaus ein Unterschied. Außerdem herrschte lange Skepsis, was die Tonqualität betraf. Sicher, der Klang war deutlich klarer, aber CDs komprimieren den analogen Sound, um Daten zu sparen. Dabei werden etwa hohe Höhen und tiefe Tiefen abgeschnitten. Dazu wurden manchmal Störgeräusche oder Halleffekte der Originale ausgemerzt. Manche Leute glauben das alles herauszuhören, oder sie hören es auch tatsächlich, jedenfalls ist der Effekt für sie irgendwie zu klinisch sauber. Für manche ein Vorteil, weil sie sich so mehr auf das Werk selbst konzentrieren konnten, ohne irgendwelche störenden Nebengeräusche, andere empfanden die Musik auf CDs im Vergleich eher als tot. Der Streit ist bis heute nicht beigelegt, was auch das Revival der Schallplatte als Musikmedium in den letzten Jahren beweist.

Herbert von Karajan gehörte zu den frühen Förderern des neuen Mediums CD.

Mithilfe einer Adapterkassette ließen sich auch mit dem Autoradio CDs hören.

Es gab aber auch Vorteile. So waren auf den CD-Singles meist mehr als zwei Lieder oder manchmal auch unterschiedliche Versionen und Remixes desselben Lieds zu hören. CDs waren auch handlicher als Langspielplatten und kamen ähnlich wie die Musikkassetten in robusten Plastikverpackungen daher. Sie war auch deutlich leichter als Platten, was durchaus einen Unterschied machte, etwa weil man DJ war oder weil man Freunde mit einem Stapel Neuerwerbungen in der Tasche besuchen wollte. Ein weiterer Vorteil war, dass das gezielte Ansteuern einzelner Tracks im Gegensatz zur Musikkassette, aber auch LP, per Knopfdruck ganz besonders einfach war. Auch die Option der eigenen Programmierung der Reihenfolge der Wiedergabe war früh möglich.

Ein Nachteil stellte wiederum die Tatsache dar, dass das Selbstaufnehmen von CDs nicht unmöglich, aber doch ein schwierigeres Unterfangen war als mit einem Kassettenrekorder. Vom Radio aufnehmen ging schon einmal gar nicht. Zwar gab es bald eigene Geräte zum Überspielen von CDs, aber durchgesetzt hat sich das nie so recht, und das Selbstbrennen von Tonträgern wurde erst populär, als die Leute über eigene Heimcomputer mit CD-Laufwerken verfügten. Weiters war das Herstellen eines Mixtapes, etwa für die Angebetete, deutlich schwieriger. Und der analog zum Walkman bald angebotene Discman war lange nicht ohne Tücke. Im Gegensatz zum Bandgerät hüpften und sprangen die CDs recht gerne von Track zu Track, besonders wenn man sie bei dieser neuartigen Freizeitbetätigung namens Jogging benutzte.

Wie gesagt, die CD war neu und heiß und in, das erste ostösterreichische Piraten-Radio benannte sich 1990 sogar nach dem Tonträger „Radio CD“, aber die völlige Akzeptanz vor allem in konservativeren Kreisen und bei der notorisch finanziell schlecht aufgestellten Jugend ließ noch auf sich warten. Ein wesentlicher Schritt war dabei mit ziemlicher Sicherheit die Einführung von CD-Laufwerken in Autoradios. Dafür habe ich zwar keine empirischen Daten, aber bin aus persönlicher Erfahrung davon überzeugt.

Übrigens konnte man auch in den Musikkassettendecks von Autoradios CDs hören, wenn man einen Discman über ein Kabel mit einer speziellen Adapterkassette verband, die den Sound auf die Anlage übertrug. Später gab es den umgekehrten Weg, und man konnte Walkmen mit einem Kabel in eine Buchse am CD-Laufwerk anstöpseln …

Heute streamt man via Bluetooth den Handy-Content direkt an die Multimediaanlage des Wagens. Wenn man nicht gleich via Internet seine Online-Playlist abspielt. Tempora mutantur.

Ein kleiner Kasten, etwas größer als der C64, sendete ein paar weiße Streifen und einen weißen Punkt an den Bildschirm – „Pong"! Der Urvater aller Videospiele war damals der Renner. Nie hätten wir uns damals träumen lassen, was heute alles möglich ist. „Pong" spielten wir stundenlang, und nur die begrenzte Lebensdauer der Batterien führte zu Unterbrechungen. Ein paar Jahre später kam Coleco, unsere erste richtige Spielkonsole. Und noch später mein erster Atari. Kann mich noch an ein Panzer-Spiel erinnern; gefinkelt war die Tatsache, dass man die Geschosse, nachdem sie abgefeuert wurden, durch Bewegen des Joysticks noch umlenken konnte. Ob das gewollt war oder ein Bug, konnte ich nie klären. Später kam dann der Sinclair Spectrum ins Haus und fast gleichzeitig auch der C64. Glücklich war, wer viele Gleichgesinnte hatte und die eine oder andere Diskette nicht ganz legal erwerben konnte. (Beim Spectrum gab es kleine Cartridges als Speichermedium.) „Summer" und „Winter Games" von Epyx faszinieren heute noch. Mein erster IBM-PC faszinierte durch „Decathlon". Ein Zehnkampf, der vor allem die Tastatur herausforderte. Später kamen dann für den PC diverse Adventure Games. Sierra On Line, die Firma von Ken und Roberta Williams, begeisterte durch Klassiker wie „Leisure Suit Larry" und die ganzen „Quest" Reihen: „King's Quest", „Space Quest" und „Police Quest". Dankenswerterweise werden diese Spiele auch heute noch vertrieben.

UNO, Senso, Space Invaders

Spiele werden elektrisch

Das letzte Kapitel habe ich mit einem lateinischen Zitat beendet, daher scheint es nur passend das neue Kapitel ebenfalls mit einem lateinischen Ausdruck zu beginnen: homo ludens. Das bedeutet so viel wie „der spielende Mensch“, und tatsächlich ist kaum etwas so typisch für unsere Spezies wie der Drang zu spielen. Das lässt sich zurück über die Antike bis in die Frühzeit verfolgen. Und da auch viele Tierarten spielen, handelt es sich hierbei wohl sogar um eine Art universelles Prinzip. Das auch evolutionsbiologisch Sinn ergibt, trainiert man doch im Spiel neue Ideen und neue Erfahrungen sowie diverse Geschicklichkeiten, die man alle potenziell im sogenannten Ernst des Lebens anwenden kann.

Auch im Bereich des Spielens kam es rund um 1980 zu einer – sogar besonders extremen – Zeitenwende. Spielen bedeutete bis Ende der Sechzigerjahre indoor im Wesentlichen Karten-, Würfel- oder Brettspiele. Wobei die Kartenspiele von simpelsten Varianten für Kinder, wie Mau-Mau, bis zur hochkomplexen Gehirnakrobatik reichen konnten, wie Tarock oder Bridge. Meist traf man sich im Erwachsenenbereich eher im Mittelfeld, und es dominierten Bauernschnapsen, Canasta und diverse Rommé-Versionen. Plus ein paar Spiele wie Poker oder 17 und 4, die Privatversion von Black Jack. Im Kindersektor kamen dann noch diverse Spiele mit buntbedruckten Karten dazu, allen voran Quartette oder Schwarzer Peter. Besonders beliebt in den Siebzigerjahren waren die sogenannten Supertrumpf-Spiele, bei denen die Quartettbilder von Autos, Motorrädern, Rennbooten oder Flugzeugen auch mit ihren technischen Spezifikationen abgedruckt waren. Daraus ergab sich dann eben das Supertrumpf-Spiel mit typischen Dialogen wie: „280 PS!“ „Ha! 360 PS! Gib her!“

Unter den Würfelspielen war Würfel-Poker besonders beliebt, mit eigenen Würfelpokerwürfeln samt stilisiert aufgedruckten Spielkarten. Dann natürlich „Kniffel" oder „Yahtzee", wo es ebenfalls darum ging, bestimmte Kombinationen zu erwürfeln und auf einem Zettel abzuhaken. Die meisten dieser Spiele galten im Wesentlichen als Familienspiele, wurden also sowohl von Erwachsenen untereinander, Erwachsenen mit Kindern oder Kindern untereinander gespielt.

Das galt grundsätzlich auch für die meisten Gesellschaftsspiele. Einmal abgesehen von Schach, Dame, Mühle, Halma, Fang den Hut, Mensch ärgere dich nicht, diversen Varianten des Leiterspiels und ähnlichen Brettspielen, die bereits seit Jahrhunderten als Klassiker gespielt wurden und zum Teil sogar jahrtausendealte Wurzeln haben, und Spielen wie „Monopoly" oder dessen österreichischem Klon „DKT" („Das kaufmännische Talent") begann in den Siebzigerjahren die große Zeit der kommerziellen Brettspiele. Und auch der modischen Spiele-Hits. Manche davon waren dabei gar keine ganz neuen Erfindungen, sondern kommerzielle Ausgaben von freien Spielen oder neu verpackte oder überarbeitete Versionen oder Importe älterer Spiele. Aber gerade in den Siebziger- und auch noch Achtzigerjahren gab es kaum einen Haushalt ohne das eine oder andere grassierende Trendspiel oder „Spiel des Jahres" wie „Reversi", „Wild Life", „Risiko" (bei dem man damals noch Länder eroberte, statt sie zu befreien), „Malefiz", „Das Börsespiel", „Stratego", „Cluedo", „Sagaland" „Scotland Yard" und dann natürlich „Trivial Pursuit". Eine kurze Hochzeit erlebte auch das „afrikanische Bohnenspiel" unter verschiedenen Bezeichnungen wie „Kalaha". Dazu kamen Kartenspiele, die man aufgrund ihrer Spielweise eher zu Brettspielen zählen sollte, wie „1000 Kilometer", „Leg das Rohr" und in gewisser Weise auch „UNO". Dieses bis heute in Dutzenden Variationen und Gestaltungen immer wieder aufgelegte Spiel ist tatsächlich nichts anders als eine kommerzialisierte Version von Mau-Mau. Aber wer möchte schon Erfolg widersprechen?

Supertrumpf-Autoquartette waren in den Siebzigern sehr beliebt.

Dazu kamen Spiele mit Gimmicks. Natürlich gab es die auch schon immer, etwa „Elektro-Kontakt", ein Quizspiel mit Batterie, oder „Operation" (später „Doktor Bibber"), aber erst die Firma MB-Games brachte Spiele, die hauptsächlich aus haufenweise Plastik-Klumpert bestanden, in fast jeden Haushalt. Meist basierten die Spiele auf irgendeinem gerade aktuellen Blockbuster wie „King Kong" oder „Der weiße Hai", gerade populären Videospielen wie

Lego-Werbeprospekt aus den 1970er-Jahren

„Frogger“ oder „Pac-Man“ oder einem populären Trend wie „Teufelsdreieck“ im Zuge des Bermudadreieck-Hypes. Dazu kamen einige Eigenkreationen wie „Slotter“. Allen gemeinsam war, dass man irgendwelche mehr oder weniger großen Plastiktrümmer über das Spielfeld oder in sich selbst bewegen musste und dass der Mechanismus meistens nicht besonders gut funktionierte und bald kaputt ging. Letzteres galt auch für manche Spiele von Hasbro wie etwa „Hungry Hippos“ alias „Hippo Flip“. Über die Jahrzehnte durchgesetzt hat sich eigentlich nur ein MB-Spiel wirklich, nämlich das „Spiel des Lebens“. Abgesehen von „Vier gewinnt“ und „Flottenmanöver“, wobei die eigentlich nur aufgemotzte, bereits früher auf kariertem Papier mit Kugelschreiber durchgeführte Spiele sind. Also im zweiten Fall schlicht Schifferlversenken. Aber immerhin ein Strategiespiel mit Hirn, genau wie der für einige Zeit absolute Schlager unter allen Spielen der damaligen Zeit: „Master Mind“. Das Erraten bunter Plastiksteckerkombinationen ist bis heute in vielen Variationen und von vielen Anbietern erfolgreich.

Neben den genannten Arten existieren Spiele, die in keine der drei Kategorien fallen. Auch da gab und gibt es einige Klassiker, wie Domino oder Mikado, damals neu auch in einer spezielleren Variante mit magnetischen Stäben erhältlich. In diesem Sektor kam es ebenfalls zu einigen Neuentwicklungen und vor allem einen Superhit: „Jenga“, am besten gespielt zur Musik der Experimentalband „Einstürzende Neubauten“. Ein weiterer Superhit der Zeit war „Dungeons & Dragons“, das erste populäre Rollenspiel, in Deutschland erfolgreich als „Das Schwarze Auge“ von Schneider Spiele geklont. Zeitgleich entstand übrigens auch der Trend der sogenannten Abenteuerbücher, bei denen man sich via Entscheidung eine eigene Handlung schaffen konnte.

Wer vor dem Aufkommen der Elektronikspiele allein spielen wollte, abgesehen von Basteln mit Lego, Matador, Fimo oder Kunstharz, dem Zusammenkleben meist martialischer Modellbausets von Airfix oder Revell sowie dem Aufstellen von Matchbox-Bahnen oder der Beschäftigung mit dem gerade aktuellen Trend-Ding wie „Slinky“ alias Stufengeher (mit dessen Entwirrung man allerdings meist mehr Zeit verbrachte als mit dem Spielen selbst), legte zumeist Patiencen. Dazu gesellte sich damals das Solo-Brettspiel „Solitaire“, bei dem man so lange über eigene Fi-

Der Stufengeher „Slinky“ war ein großer Trend der Zeit.

guren hüpfen musste, bis im besten Fall nur noch eine überblieb. Dieses gab es in Form von Holz mit Holzsteckern, edel mit Steinkugeln auf Steinplatte oder als Billigplastikversion.

Sonst konnte man sich an dem einen oder anderen Geschicklichkeitsspiel versuchen. Besonders populär waren damals kleine Taschenspiele, bei denen es meistens irgendwie darum ging, winzige Metallkugeln auf irgendeine Weise irgendwohin zu bewegen. Dazu Verschiebespiele mit Buchstaben, Ziffern oder Bildern. Andere Superhits der damaligen Zeit gab es in Holz, in Form eines Kugellabyrinthspiels mit Drehreglern, und Plastik, in Form von „Crazy Ball" von Tomy, an sich für Kinder, aber durchaus auch für Erwachsene anspruchsvoll zu lösen. Ein anderes Geschicklichkeitsspiel der frühen Siebzigerjahre war „Klick Klack", bei dem man zwei schwere an einer Schnur befestigte Plastikkugeln rhythmisch zusammenstoßen lassen musste, bis man sie schließlich nach oben und unten in einem Crescendo in atemberaubender Geschwindigkeit gegeneinanderprallen lassen musste. Nicht jeder schafft das, vor allem nicht lang, und es gab bereits früh Gerüchte, dass ein Kind gestorben wäre, weil die Kugeln zu heftig gegen seine Schläfe gedonnert wären. Mag sein, schmerzende Handwurzelknochen hatte jedenfalls fast jeder davon, der mit den Kugeln hantierte.

Etwas außerhalb dieser Definition lag der „Rubik's Cube", auch „Zauberwürfel" genannt. Dieser von einem ungarischen Bauingenieur hinter dem Eisernen Vorhang erfundene Quader war in jedermanns Munde und in jedermanns Händen. Viele verzweifelten daran, bis endlich eines der Flaggschiffe der deutschen Presselandschaft, „Der Spiegel", schließlich eine Schritt-für-Schritt-Auflösung publizierte, damals vielfach kopiert oder sogar abgezeichnet, die bis heute durchs Internet geistert (Suchbefehl: „Schrei Hurra! Schmeiß 'ne Runde!"). Dazu wurden von Mund zu Ohr diverse Tipps und Hacks weitergegeben. So konnte man etwa die Geschmeidigkeit der Würfeldrehungen dadurch erhöhen, dass man die auseinandergebastelten Einzelteile mit Seife einrieb. Und war man rettungslos verloren, ließ sich der Würfel auch zum Zweck der Rettung relativ simpel auseinandernehmen und korrekt wieder zusammensetzen. Eine fiese Option war dabei, einen oder mehrere Teile falsch zusammenzusetzen und dann einem besonders guten Würfellöser in die Hand zu drücken – woran dieser auf jeden Fall scheitern musste. Bald darauf entstanden jede Menge Variationen mit verschiedenen geometrischen Körpern, von Herrn Rubik selbst oder auch nicht, bis heute immer wieder variiert, von Mega-Gebilden mit Hunderten Oberflächen bis hin zu der scheinbar simpleren, tatsächlich aber schwierigeren Version mit nur vier Flächen pro Seite.

Am „Zauberwürfel" ist manch einer verzweifelt.

„Senso" gab es auch als Handheld-Variante.

All das, und ich meine wirklich all das, änderte sich in der Zeit der Siebziger- und Achtzigerjahre, wie eingangs erwähnt, jedoch drastisch und für immer. Zuerst durch Elektronik- und dann durch Videospiele.

Elektronikspiele – wobei eher elektrisch als elektronisch – in rudimentärer Form existierten, siehe weiter oben bei den Brettspielen, schon früher. Elektronische Geschicklichkeitsspiele, die ein gewisses Computerhirn besaßen, kamen allerdings erst in den Siebzigerjahren auf. Die wenigsten davon, wie „Senso", ebenfalls von MB, bei denen man eine immer länger werdende Abfolge von Farbmustern durch Drücken der Farbflächen wiederholen musste, waren allerdings für mehrere Spieler gedacht. Angefangen von den ersten Schachcomputern über diverse Kleinelektronik ohne Bildschirm, dafür mit Leuchtpunkten und Knöpfen bis zu den schließlich alles überflügelnden Spielen mit Bildschirmen – das alles wurde alleine gespielt. Oder maximal im Wettbewerb abwechselnd.

Wobei die Bezeichnung „Bildschirm" bei den ersten Elektronikspielen dieser Art fast eine Übertreibung darstellt, denn die Tric-O-Tronic- (eigentlich Game & Watch-)Spiele mit LCD-Bildschirm bestanden eigentlich nur aus vorgeprägten Elementen, die durch ihr schwarzes „Aufleuchten" so etwas wie eine Bewegung simulierten. Auf diese Weise konnte man etwa aus dem Fenster springende Menschen mit einem Sprungtuch vor einer Feuersbrunst in einen Krankenwagen schupfen. Bald gab es simple Versionen dieser Spiele auch für die gerade modern werdenden Digitaluhren und solche mit zwei Bildschirmen, zum Teil sogar in Farbe.

Doch alle diese Spiele hatten ein Ablaufdatum, waren quasi nur eine Überbrückung, denn es war absehbarerweise nur eine Frage der Zeit, bis sich echte Bildschirme miniaturisierten. Doch bevor ich hier „Game Boy“ sage, einen Schritt zurück.

Die ersten Videospiele gab es nur in Vergnügungsstätten. In Wien hieß das de facto praktisch nur im Prater, teilweise auch im Böhmischen. Oder fast, denn meinen allerersten Kontakt zu einem veritablen Videospiel hatte ich im Buffet des Wiener Eislaufvereins. Dazu gleich. An anderen Stellen wie in Hinterzimmern von Gasthäusern traf man sie nur selten an, denn diese waren meist diversen Glücksspielautomaten vorbehalten. Denn natürlich waren Spielautomaten, mechanisch und auch schon elektronisch, bereits lange vor den ersten Videospielen weit verbreitet. In Gasthäusern gab es etwa Geschicklichkeitsspiele wie „Alle Neune!“, irgendwie dem Kegeln nachempfunden, wo man eine Metallkugel mittels gespannter Metallfeder über eine runde Schiene nach oben befördern musste, um sie dann möglichst präzise in neun Löcher in der Mitte des Spielfelds fallen zu lassen. Gelang das, gab es Punkte. Spiele wie diese wurden oft auch als getarnte Glücksspielautomaten benutzt, bei denen der Wirt für bestimmte Ergebnisse eine bestimmte Summe auszahlte.

Zwei Buben spielen an Flipper-Automaten im Wiener Prater. Um 1980

Ein anderer Vorgänger der Videospiele war natürlich der Flipper. Auch den gab es bereits seit Jahrzehnten als rein elektrisch-mechanisches blinkendes und geräuschvolles Modell. Im Lauf der Zeit

„Pong" verfügte über einfachste Grafik und war doch wegweisend.

wurde der Elektronikanteil immer mehr aufgepäppelt bis zu den Versionen, die sogar digitale Bildschirme integriert haben. Doch die große Zeit der Flipper näherte sich in den Siebzigerjahren drastisch dem Ende, denn es erschien … „Pong“.

Harmloser hätte ein großer Eroberer wohl kaum daherkommen können. Mit zwei Drehknöpfen bewegte man zwei weiße Lichtbalken am Rand eines Bildschirms auf und ab, um sich dabei gegenseitig einen eckigen Ball zuzuschießen. Erwischte man den Ball nicht, und er verschwand im elektrischen Nirwana, erhielt der Gegner einen Punkt, der ebenfalls als grobe Leuchtbalken-Ziffer angezeigt wurde. Einfacher geht gar nicht. Dennoch kann ich mich noch genau an den Moment erinnern, als ich das Buffet des Eislaufvereins betrat und dort den ersten „Pong“-Automaten zu Gesicht bekam. Man kann sich das heute nicht mehr vorstellen, aber das war ein Quantensprung, ein erderschütterndes Erlebnis. Warum? Nun, wir befinden uns hier in der Zeit vor den Videorekordern. Fernseher und andere Bildschirme waren eine strikte Einbahn. Sie sendeten, wir sahen zu. Die maximale Interaktion, die möglich war, bestand im Laut-und-leise-Stellen, im Hell-und-dunkel-Stellen, in der Veränderung des Kontrasts und natürlich im Ein- und Ausschalten. Aber niemand, niemand, nicht einmal Uri Geller, vermochte *auf* dem Bildschirm etwas zu bewegen! Das war einfach undenkbar. Und nun konnte man es plötzlich doch! Münze einwerfen, Knopf drehen, und ich selbst bestimmte, was auf dem Bildschirm geschah – magisch!

Was damals kaum zu erahnen war, war der Dammbruch, der erst bevorstand. Weitere relativ blockartig gestaltete Spiele entstanden und wurden zu Hits. „Space Invaders“, „Asteroids“, „Centipede“, „Brick Breaker“, „Qix“ … Anfangs waren sie alle übrigens noch schwarz-weiß, was die Aufsteller dadurch aufpeppten, indem sie verschiedene farbige Folien etwa über die Wellen der angreifenden Außerirdischen bei „Space Invaders“ klebten. Aber die Entwicklung schritt rasant voran, fast bei jedem Besuch im Spielsalon gab es neue Spiele und auch neue Weiterentwicklungen. Die Pixel wurden kleiner, die Grafik besser und schneller und natürlich bunt. „Pac-Man“, „Frogger“, „Q*bert“, „Donkey Kong“

Klassische Arcade-Spiele: „N-Sub“ von Sega und „Asteroids“ von Atari

(der Ursprung des gesamten Super-Mario-Universums, bald gefolgt von „Mario Bros.") und wie sie alle hießen, lockten auch mit immer besseren Soundeffekten und fraßen das Taschengeld. Im „Star Wars"-Spiel konnte man sich sogar in den Sessel eines X-Wing begeben und mit simpelster Strichgrafik, die aber dennoch hervorragend eine dritte Dimension vortäuschte, den Todesstern zum Explodieren bringen. Während aus den Lautsprechern die wohltönende und aufmunternde Stimme von Obi-Wan Kenobi ertönte. Das Video-Entscheidungsspiel „Dragon's Lair" simulierte einen interaktiven Zeichentrickfilm.

Generationen und Generationen von Autorennspielen entstanden ebenso wie andere Sportspiele, etwa Tennis. Oder Kampfspiele wie „Street Fighter". Und dann natürlich eines der Spiele mit dem höchsten Suchtpotenzial überhaupt: „Tetris" – ausgerechnet von einem Programmierer aus der UdSSR stammend. Keine Frage: Videospielen war großartig, aber auch eine teure Angelegenheit, besonders wenn man, wie ich in der Oberstufe, manchmal in einer Freistunde mit dem Moped (in meinem Fall KTM-Duo) einen kurzen Trip in den Prater unternahm … Um der Pleite zu entgehen, gab es eine – ich gebe es zu – kriminelle Lösung. Denn eine Zeit lang funktionierte es recht problemlos, französische 20-Centime-Münzen anstelle von weitaus wertvolleren Fünf-Schilling-Münzen einzuwerfen. Allerdings war es durchaus schwierig, an diese heranzukommen, wenn man nicht gerade in Frankreich urlaubte.

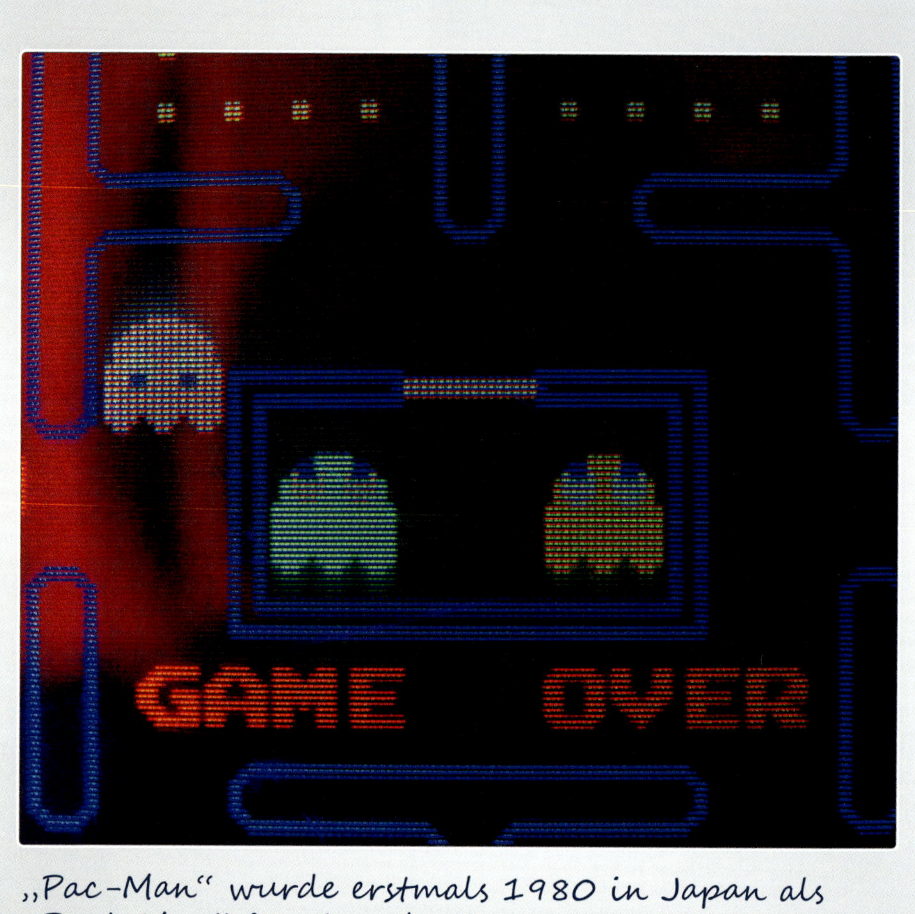

„Pac-Man" wurde erstmals 1980 in Japan als „Puck Man" für Arcade-Automaten veröffentlicht.

So mancher Videospielfan der frühen Zeit wird sich auch daran erinnern, dass es den Wiener Behörden irgendwann einmal einfiel, zu behaupten, diese Videospiele würden unter das Glücksspielgesetz fallen, weil sie durch Punkte Gewinne anzeigen könnten. Um zu verhindern,

Alexei Patschinow, der Erfinder des legendären Spiels „Tetris", im Jahr 2007

dass Betreiber einem also Geldbeträge für gewisse Highscores auszahlten, wurden manche Geräte so umprogrammiert, dass sie keinen Spielstand mehr anzeigen konnten. Wo das nicht ging, wurden die entsprechenden Stellen überklebt. Andernfalls hätte der Aufsteller wesentlich mehr Steuern für den Automat zahlen müssen. Dass das natürlich absurd war, zeigte sich bald darauf, als die Aufsteller auch damit begannen – beginnen mussten –, die Punkte der Flipper auszuschalten oder zu bekleben. Glücklicherweise ging dieser Spuk schnell vorbei.

Allerdings führten die Möglichkeiten der neuen Technik durchaus zur Entwicklung neuartiger Glücksspiel-Automaten, die, vor allem in Gaststätten aufgestellt, natürlich bald zum großen Problem wurden und es teilweise heute noch sind. Aber das ist eine andere Geschichte.

Während der Einzug der Videospiele im Prater, in Freibädern und an anderen Orten des Freizeitvergnügens

1981 wurden viele Spielautomaten im Wiener Prater wegen der horrenden Vergnügungssteuer außer Betrieb gesetzt.

eine technische Revolution darstellte, war sie doch eine mit relativ geringer Breitenwirkung. Zu teuer war das Einzelspiel, zu weit die Wege, zu unsicher die Auswahl an verfügbaren Spielen. Das änderte sich jedoch schlagartig mit den Videospielen für daheim. Hier wiederholte sich mit ein paar Jahren Abstand die Geschichte exakt genau wie in den Spielhallen: Zuerst kam „Pong", unter verschiedenen Namen verschiedener Firmen, aber im Prinzip dasselbe Spiel. Dann kam „Pong" mit Erweiterungen, etwa für mehr Spieler und mit mehr Schlägern auf dem Bildschirm. Teilweise sogar mit so etwas ähnlichem wie einem Gewehr, mit dem man angeblich „Tontauben" auf dem Bildschirm abschießen konnte. Hatte ein Freund, hat aber nie funktioniert. Bald darauf Spiele in Farbe, Geräte die gleich mehrere Spiele gespeichert hatten ... Und dann der nächste Durchbruch: Spielkonsolen mit austauschbaren Kassetten, sprich Steckmodulen! Während in Japan und den USA bereits eine große Schlacht der Systeme tobte, mit vielen Einsteigern, die teilweise nur wenige Spiele produzierten und bald wieder vom Markt verschwanden, hatten wir es in Österreich hauptsächlich bereits mit den Überlebenden des Systemkampfs zu tun. Das waren etwa die kurzlebigen Konsolen Intellivision von Mattel und ColecoVision, beides partiell erstaunlich ausgereifte Spielsysteme. So hatte Intellivision fast zehn Jahre vor der Konkurrenz bereits eine 16-Bit-Architektur. Und dann natürlich Atari 2600. Atari hatte zwar, wie ein Großteil der Konkurrenz, „nur" eine 8-Bit-Grafik,

Die Spielekonsole Intellivision kam 1979 auf den Markt.

Der Atari 2600 hatte zwar nur eine 8-Bit-Grafik, dafür aber eine ziemlich detailreiche Darstellung.

aber damit konnte man die Figuren und anderen Dinge immerhin dennoch deutlich detailreicher darstellen als alle anderen Videospiele davor. Was allerdings anfangs von Programmierern nur sehr unbeholfen und uninspiriert ein- und umgesetzt wurde, mit dem Ergebnis, dass die Grafik ziemlich hässlich war. Diese anfängliche Schwäche nutzte der heimische, europäische Elektronikmarktführer Philips und warf mit großer Werbemacht seinen bereits bei Markteinführung technisch veralteten Videopac G7000 auf den Markt. Kurz vor Weihnachten 1978 stand ich nun vor der Wahl, ich wusste, ich konnte mir eine Konsole wünschen, aber welche? G7000 oder Atari 2600? Werbung wirkt. Obwohl zu diesem Zeitpunkt Atari bereits mehr Spiele hatte, die Grafik zumindest potenziell besser war und auch die (polyphonen) Klänge, punktete das Philips-Gerät mit einer Schreibmaschinentastatur, die suggerierte, dass man das Gerät vielleicht in Zukunft auch für Textarbeiten oder zum Programmieren verwenden könnte. Tatsächlich gab es sogar ein Steckmodul zum Thema Basic, das aber weitgehend nutzlos war, da das Gerät keine Speichermöglichkeit aufwies … Und das war nur einer der Nachteile, wie ich als stolzer Besitzer der Konsole bereits im ersten Jahr bemerken musste. Die klobigen Quadratpunkt-Männchen waren wirklich schauerlich, der Sound war schrecklich piepsig, und es gab keine Möglichkeiten der Variation und der Erweiterung. Soll heißen: Die beiden Joysticks waren fix montiert und konnten nicht, wie etwa bei Atari, durch freie Steckplätze auf mehr als zwei Spieler aufgestockt oder durch verschiedene Joysticks verschiedener Anbieter ersetzt werden. Philips blieb bei uns zu 100 Prozent proprietär und produzierte nur eigene Games, während für Atari bereits Spiele von vielen verschiedenen Anbietern auf dem Markt waren. Angeblich gab es auch ein paar Fremdkassetten für Philips, aber die sind mir in Österreich nie in der freien Wildbahn untergekommen. Und über die Tastatur konnte man vielleicht den Spielernamen eingeben, aber nachdem sich das Gerät weder den Highscore noch den Namen merkte – wozu? Der G7000 kam als Dinosaurier auf den Markt und ging auch bald darauf verdienterweise unter. Um das Gerät nicht ganz zu

Der Philips Videopac G7000 kam als Dinosaurier auf den Markt und verschwand auch bald wieder.

dissen: Die Klone populärer Spiele wie „Pac-Man" oder „Asteroids" waren gar nicht so übel, und immerhin habe ich durch die Konsole rudimentär die Regeln von American Football und Baseball erlernt. Weniger erfreulich: Wie bei jedem System existierten auch Frustspiele, wie das mit den hüpfenden Clowns (Nr. 33), die de facto nur sterben. Angeblich gab es 50 Kassetten und einen aufgepäppelten Nachfolger namens 7400, aber diese Vielfalt habe ich nie zu Gesicht bekommen. Man darf nicht vergessen: Man konnte damals nur kaufen, was im Spielwaren- (eher wenig) beziehungsweise Elektrohandel (Niedermeyer, Hartlauer und vor allem der Geheimtipp köck in der Taborstraße) deutlich mehr zu haben war, und das unterlag natürlich einer starken Vorselektion seitens der Einkäufer.

Einige der Spiele, die es für den G7000 gab

Bald darauf stieg ich auf Atari 2600 um. Und hier kam es bald zu legendären Spielenachmittagen oder -abenden oder -nächten mit Freunden. Die Siegesfanfare von „Decathlon" ist mir immer noch im Ohr, obwohl der Marathon echt mörderlangweilig war. „Pitfall!" war ein Superhit, das erste echte Jump-and-Run-Spiel überhaupt, und „Adventure" war das erste echte Action-Adventure-Spiel. Die Bandbreite der Konsole war ziemlich enorm und reichte bis zu einer relativ realistischen Simulation des Fluges und der Andockmanöver eines Space Shuttle. Atari 2600 hatte auf jeden Fall eine deutlich längere Lebenszeit in technischer Hinsicht als der Konkurrent von Philips. Danach gab es noch einen geringfügig verbesserten Nachfolger namens Atari 5200, aber der erreichte Österreich nicht oder kaum. Überhaupt näherte sich im Laufe der Achtzigerjahre die Zeit der Spielkonsolen scheinbar einem endgültigen Ende. Denn Heimcomputer, die vor allem auf Spieler angelegt waren und deren Spiele man per Diskette kopieren konnte (!), dazu gleich, gruben den Konsolen das Wasser ab. Ende, aus! Sollte man meinen. Doch Ende der Achtzigerjahre tauchte das Nintendo Entertainment System, kurz NES genannt, auf. Das mischte die inzwischen entstandene Computerspielszene zwar (trotz „Super Mario") noch nicht komplett auf, aber als kurz darauf der Sega Mega Drive und die Super-NES mit immer besseren, rasanteren und interessanteren Spielen („Sonic the Hedgehog“) auf dem Markt auftauchten, kam es zu einer neuerlichen Trendwende.

Eine weitere Revolution stellte natürlich der Game Boy dar, nachdem der aber in Japan 1989 kam und in Europa erst 1990, sei dieser nur am Rande erwähnt. Der erste echte tragbare Heimspiel-Computer, zwar mit schwarz-weißer LCD-Grafik, aber genug Pixeln, um alles darzustellen, was man für ein abwechslungsreiches Spiel brauchte. Es gab sogar eine aufsetzbare Leuchtlupe, eine Erweiterung mit der man (pixelige Schwarz-Weiß-)Fotos machen konnte, die man dann ebenfalls mit einem eigenen Drucker (pixelig und schwarz-weiß) auf einer Art Klebestreifen ausdrucken konnte, dann der Game Boy Color …

Der Sinclair ZX Spectrum war der erste erschwingliche Heimcomputer.

Doch jetzt ein Hohelied auf die ersten echten Heimcomputer, allen voran den Commodore 64. Der war zwar nicht der erste seiner Art, so mancher Early Adopter besorgte sich bereits den ZX80, den ZX81 oder den ZX Spectrum, die ersten leistbaren und handhabbaren Computer der Welt für zu Hause. Denn füllten die alten IBM-Computer am Anfang noch ganze Säle, konnte man jetzt ein gleichwertiges Elektronengehirn in einer Hand halten. Trotzdem war das nur etwas für Geeks, und man übte damit hauptsächlich Programmiersprachen. Zwar waren auch Spiele erhältlich, und man vermochte Daten mittels eines Kabels auf einer Musikkassette in einem hundsnormalen Kassettenrekorder abzuspeichern, aber das war eher schwierig und nicht sehr sicher.

Apropos Speichern auf Kassette: Auch für den Commodore 64 war das erste Speichermedium die Musikkassette, allerdings bereits in einem eigenen, separat erhältlichen und hochkompatiblen Gerät namens „Datasette“. Den endgültigen Durchbruch brachte dann allerdings erst die Floppy ...

Damit wird es Zeit für das angekündigte Hohelied. Der Computer, also die Elektronik, selbst war in einer dicken Schreibmaschinentastatur verbaut. Als Bildschirm diente, wie damals praktisch für alle Geräte mit Videoausgang, der Fernseher. Mit der Tastatur konnte man tatsächlich schreiben und sogar sinnvoll programmieren. Und schon bald auf einem eigenen Floppy-Disk-Laufwerk auf Disketten leichter speichern und vor allem leichter abrufen. Um das zu tun, musste man nur einige rudimentäre Begriffe aus der Programmiersprache beherrschen, etwa um ein Spiel im richtigen externen Laufwerk mit dem Befehl RUN starten zu können. Das änderte wieder einmal alles: Zwar gab es theoretisch Spiele auf Disketten zu kaufen, aber ich kannte eigentlich niemanden, der solche besaß. Außer vielleicht solche, die in Computermagazinen beigelegt waren. Im Gegenteil. Dutzende, dann Hunderte und, wenn man wollte, Tausende Spiele und andere Programme wurden kopiert und wieder kopiert und rund um die Welt weitergereicht. Teilweise sogar bereits per Datenübertragung, wofür man den Hörer eines Telefons auf eine Manschette legen musste. Die Gaming-Bandbreite war enorm, von absoluten Flops bis hin zu hoch komplizierten Spielen und solchen, die sich wiederum eigneten, stundenlang auf Spieleabenden gespielt zu werden, vor allem die Sportspiele „Winter Games“ und „Summer Games“. Die Zahl der legendären Spiele aus dieser Zeit ist gar nicht aufzuzählen – „The Castles of Dr. Creep“, „Boulder Dash“, „Prince of Persia“, „Ultima“, „Arkanoid“, „Ducks Ahoy!“, die fast unspielbaren „The Human Race“, „Asylum“ und „Watch Out, Snoopy“ ...

1988 wird der neue C64 inspiziert.

64'er – Das Magazin für Computer-Fans war zwischen 1984 und 1996 eine der wichtigsten Informationsquellen für C64-Anwender im deutschsprachigen Raum.

Durch seine drei Geräuschgeneratoren gelang es, dem Gerät nicht nur ziemlich komplexe Musik zu entlocken, sondern sogar limitierte Sprache. Mit dem Programm „Simon Says" konnte man Text in die Tastatur tippen, die der Computer dann mehr oder weniger korrekt in englischer Aussprache von sich gab – und dabei manchmal sogar an der englischen Aussprache scheiterte! So sagte Simon „pre-sEI-dent", wenn man „president" eingab. Auch Erotik und frühe Pornografie, in Form von Texten oder Pixelgrafik, konnte man von wohlmeinenden Freunden erhalten. Mehr dazu im entsprechenden Kapitel. Tatsächlich war der C64 mit angeschlossenem Nadeldrucker auch ein funktionsfähiger Heimcomputer, unter anderem zur Textverarbeitung. Ich selber habe damit einige Arbeiten für die Uni oder auch journalistisch geschrieben. Das Problem war nur, dass der Computer selbst keine Festplatte besaß und man daher immer auch zuerst das Programm laden musste, bevor man Texte aufrufen und bearbeiten konnte. Insgesamt jedenfalls ein legendäres Gerät, das von der Mitte bis zum Ende der Achtzigerjahre den Videospielbereich dominierte.

Übrigens: Die meisten der im letzten Abschnitt erwähnten Geräte (von G7000 bis Commodore 64) besitze ich noch, und sie funktionieren, teilweise 40 Jahre später, noch immer!

Grafik

IMAGES

Räumliche Grafik auf dem C 64

Gerade auf dem Gebiet von Film- und Fernsehproduktionen werden Computergrafiken immer öfter eingesetzt, da es hiermit möglich ist, Dinge zu zeigen, die mit herkömmlichen Methoden nicht gefilmt werden konnten.

Schnelle Rechenroutinen

96

Beispiele für 3D-Grafik auf dem C64

Bei uns daheim gab es nur ein Vierteltelefon. Ein Nachbar besetzte gerne stundenlang die Leitung, in der Zeit konnten wir nicht telefonieren. Mit raschem Schlagen auf den Gabelumschalter versuchten wir, ihn aus der Leitung zu werfen. Hat so gut wie nie geklappt. Smartphones zeigen die Uhrzeit sekundenbruchteilgenau an. Wonach hatten wir früher die eigene Uhr richtig gestellt? Ein Anruf bei einer Kurznummer genügte: „Es wird mit dem Summerton …“

Zeitton, Pager und das Vierteltelefon

Kommunikationsrevolutionen

Elektrizität ist als Phänomen seit vielen Tausend Jahren bekannt, seit dem 18. Jahrhundert ist sie gut erforscht, seit dem 19. Jahrhundert wird sie praktisch angewendet, und seit der ersten Hälfte des 20. Jahrhunderts wird sie flächendeckend im öffentlichen Leben (elektrische Beleuchtung, die „Elektrische" statt der Pferdetramway, die Elektrifizierung der Stadtbahn in Wien), aber auch bereits im Privaten eingesetzt. Nach dem Zweiten Weltkrieg, in den Fünfziger- und Sechzigerjahren, eroberte die Elektrizität den Haushalt in Form von Staubsaugern, Waschmaschinen und Föns. Dieser Trend setzte sich etwa mit Geschirrspülern in den Siebzigerjahren fort, erreichte da in Form von Klein- und Kleinstelektronik ihren Höhepunkt, um schließlich in den Achtzigerjahren allmählich um die Digitalisierung erweitert zu werden, die seit damals und bis heute unser Leben in immer größeren Bereichen bestimmt. Die vorerst letzte von vielen elektrischen Revolutionen.

Ein gutes Beispiel dafür sind Armbanduhren. Erst rein mechanisch, dann batteriegetrieben, dann mit anderen elektrischen Funktionen in Form von Quarz- und Funkuhren, vielleicht auch mit elektrischer Beleuchtung … Und schließlich der Sprung zur Digitaluhr. Eine globale Veränderung der Siebzigerjahre mit anfangs grellrot oder -grün leuchtenden, eckigen LED-Ziffern, bald darauf mit dem ruhigeren schwarzweißen LCD-Display. Anfangs war das Ablesen der Zeit in Form von Zahlen genauso ungewohnt und ein wenig schwierig wie für viele Menschen heute bereits das Ablesen der Zeit von einer Uhr mit Ziffernblatt. Die digitale Revolution fegte Rechenschieber aus den Klassenräumen und ersetzt sie durch Taschenrechner. Sie ersetzte mechanische und elektrische Wecker mit Zeigern durch Radiowecker mit Ziffern.

„Digital“ stammt aus dem Englischen und kommt von „digit“ = Ziffer (und im weiteren Rückgriff natürlich vom Lateinischen „digitus“ = Finger), insofern war der Anfang der digitalen Revolution tatsächlich eng damit gekoppelt, dass auf allen möglichen Geräten statt Zeigern oder Lichtpunkten nun sich ständig verändernde Ziffern zu sehen waren. In weiterer Folge wurde es das allumfassende Wort für unsere Welt, die zunehmend nur aus zwei Ziffern, nämlich 0 und 1 zusammengesetzt ist. Ähnlich wie bei der Textübertragung mit einem Morsecode. Irgendwie ein netter Gedanke, dass alles, was sich auf und in einem Handy abspielt, dadurch entsteht, dass sich verschiedene Teile gegenseitig Informationen zumorsen.

Nicht nur bei Uhren, auch in der Telekommunikation wurde das Leben digitaler.

Ein weiteres Beispiel für die in diesem Fall digitale Zeitenwende ist die Telekommunikation. Wollte man in den Siebzigern mit jemandem in Kontakt treten, gab es im Prinzip folgende Möglichkeiten: Man schrieb einen Brief oder eine Postkarte, klebte eine Marke drauf, die man in der Trafik oder in der Post gekauft hatte, warf die Postsendung in einen Briefkasten oder gab sie bei der Post ab. Man schickte ein Telegramm, wozu man entweder zur Post ging, um den Text, der pro Wort berechnet wurde, auf einen Zettel zu schreiben und dem Postbeamten zu übergeben, oder dessen Wortlaut man auch über Telefon durchgeben konnte. Was man in besonderen Fällen, wie bei Geburtstagsgrüßen oder Mitteilungen in entlegene Gebiete tat, denn sonst hätte man gleich die Option Nummer 3, nämlich telefonieren, nutzen können. Auch eine Form der schriftlichen Datenübertragung gab es damals schon, nämlich das Telex, das vor allem Firmen benutzten. Dabei wurde der Text via Tastatur in Lochungen eines Lochstreifens verwandelt, der Lochstreifen wurde in eine Maschine ge-

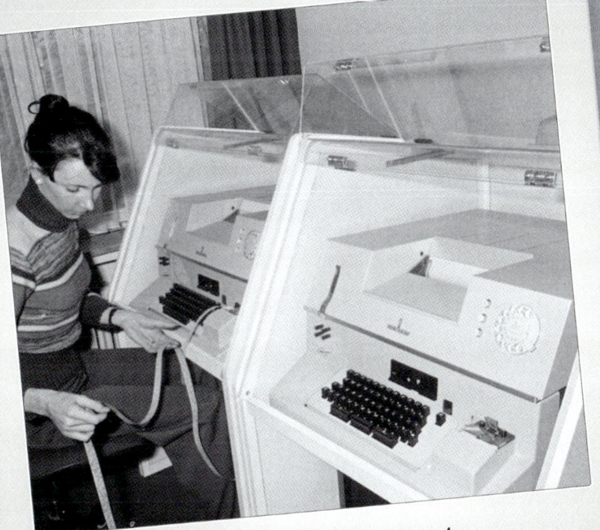

Eine Büroangestellte mit Telex-Streifen, 1975

füttert, die das Lochmuster in elektrische Impulse umwandelte, die dann per Telefonleitung an den Empfänger gesendet wurden, wo der Prozess dann umgekehrt ablief. Mein Vater hatte ein kleines Büro zu Hause, und ich habe noch viel mit diesen langen gelben Papierstreifen gespielt. Eine Generation später konnte man bereits direkt in die Telexmaschine schreiben, und beim Empfänger wurden die Buchstaben wie von unsichtbarer Hand von der Schreibmaschine wiedergegeben. Auf diese Weise habe ich zum Beispiel bei einem Studentenjob bei Eurocard (heute Mastercard) mit Amerika oder Japan kommuniziert, um die Bonität mancher kaufwilliger Touristen zu überprüfen. Dabei ließ ich ab und zu auch die eine oder andere Nebenbemerkung, etwa über das Wetter, fallen, worauf die Amerikaner gerne eingingen, die Japaner eher nicht. Ich kann also mit Fug und Recht behaupten, ich hätte bereits Mitte der Achtzigerjahre interkontinental gechattet.

Der nächste Schritt war dann das Telefax, und tatsächlich hatte in den Achtzigerjahren fast jeder Haushalt, der etwas auf sich hielt, ein Faxgerät. Mit dem man nicht nur berufliche Briefe oder Rechnungen, sondern auch Dokumentkopien senden, Kochrezepte austauschen, Pizza bestellen konnte und vieles andere mehr.

Doch zurück zum Telefon.

Wer an die Siebzigerjahre in Wien zurückdenkt und auf das Thema Telefon angesprochen wird, kommt unweigerlich auf zwei Punkte zu sprechen: Münztelefone und Vierteltelefone.

Münztelefone gab es in den Siebzigerjahren überall, also bei jedem größeren Platz, bei Verkehrsknotenpunkten … Musste man in den Jahrzehnten davor sehr oft noch auf die nächste Post gehen, um telefonieren zu können, wenn man unterwegs war, wuchs die Anzahl der öffentlichen Telefonzellen in den Siebzigerjahren stark an. Vereinzelt gab es noch solche aus Holz, mit einer richtigen Tür, später dann die metallenen Telefonzellen im silbernen Achtzigerjahre-Look, mit oder ohne Schwingtüren, die designmäßig im Wesentlichen bis heute bestehen. Allerdings inzwischen meist wenig Beinfreiheit haben, um auch den letzten Obdachlosen daran zu hindern, in einer Telefonzelle zu nächtigen (oder Besoffene, darin zu urinieren). Telefonieren kostete lange Zeit einen Schilling, es gab aber Tricks, um die Zahlung zu vermeiden. Denn der Groschen, pardon Schilling, fiel erst, wenn man auf den sogenannten Zahlknopf drückte.

Und das tat man

Eine klassische Telefonzelle vor einem Wiener Wohnbau, 1970er-Jahre

erst, wenn sich der Empfänger meldete. Ging das Telefonat ins Leere oder hatte man sich verwählt, konnte man den Hörer auf die Gabel hängen und das Geld kam retour. Wenn nun aber der Empfänger des Telefonats eingeweiht war, konnte der zuvor ausgemachte Informationen durchgeben, die man ja gratis hörte, wenn man nicht sprach. Eine andere Variation war, durch mehrere Anrufe hintereinander einen kurzen Code zu übermitteln. Etwa, ob man zum Abendessen kommen würde oder nicht. Meist waren solche Spompanandeln aber unnötig, denn jedes Kind hatte auf dem Schulweg irgendwo einen Telefon-Schilling einstecken (oder sogar eingenäht), und auch die damals tatsächlich noch freilaufenden Hunde hatten am Halsband meist ein kleines Täschchen mit einer Telefonnummer und einem Schilling, für den Fall, dass der Freigang doch zum Irrweg wurde.

Eine weitere Alternative für unterwegs war übrigens das Telefonieren in Gasthäusern oder Kaffeehäusern, mit oder ohne eigene Münzapparate, die aber oft eine spezielle Bezahlstrategie hatten, wodurch das Telefonieren oft deutlich teurer war. Einige Wiener Cafés, wie etwa das Café Prückel am Ring, haben ihre Telefonzellen noch, allerdings kaum mehr zum Zwecke des Ferngesprächs. Notfalls ging man in ein Geschäft und fragte, ob man kurz telefonieren könnte, aber das wurde nicht gern gesehen und war wirklich nur dem Ernstfall vorbehalten.

Noch kurz ein Wort zu einem erstaunlich kurzlebigen Trend, nämlich den Telefonwertkarten. Wobei kurzlebig nicht ganz stimmt, denn die Wertkartentelefone stehen teilweise noch immer. Statt Münzen verwendete man – damals revolutionär – eine Plastikkarte mit einem zuvor erworbenen fixen Guthaben. Das konnte man nach und nach verbrauchen, was sich auch tatsächlich optisch durch eine kleine Brandspur auf einer dünnen weißen Linie verfolgen ließ. Wollte man es genauer wissen, musste man die Karte in das Gerät schieben und das Display ablesen. Für kurze Zeit waren die Wertkartentelefone unglaublich populär, jeder hatte eine oder mehrere Wertkarten in der Geldbörse. Sie wurden sogar rasch zum Sammelobjekt, und es gab viele buntbedruckte Versionen. Teilweise auch aus aller Welt, wobei man die jeweilige Karte nur im jeweiligen Land tatsächlich auch verwenden konnte. Apropos verwende: Die österreichischen Wertkartentelefone wurden nie von Schilling auf Euro umgestellt, das heißt, wenn man noch alte Wertkarten in der Schublade hat, kann man sogar heute noch selbst mit der allerältesten Telefonkarte telefonieren! Falls man eine entsprechende Telefonzelle findet.

All diese Einschränkungen und Workarounds galten allerdings nur für unterwegs. Denn in den Siebzigerjahren war es bereits längst Standard, dass praktisch jede Wohnung

Alte Telefonwertkarten sind heute noch gültig, weil sie nie auf den Euro umgestellt wurden.

Praktisch jede Wohnung hatte ein Telefon, hier mit schmuckem rosa Lederschutz.

ein Telefon hatte, und es kam immer seltener vor, dass man einmal rasch zur Nachbarin gehen musste, um jemanden anzurufen. Allerdings war telefonieren, wie hier schon durchgeklungen sein dürfte, eine eher teure Angelegenheit. Jedenfalls wurde sie als solche empfunden. Die elterliche Mahnung, sich am Telefon kurz zu halten, kam gleich nach der, immer das Licht abzudrehen, wenn man das Zimmer verließ, und im Bad das (warme) Wasser nicht unnötig laufen zu lassen. Aus Kostengründen hatten daher viele Wohnungen einen sogenannten Vierteltelefonanschluss. Übersetzt bedeutet das, dass sich mehrere Parteien eine Grundgebühr teilten. Zwar hatte jeder Teilnehmer an diesem, nun nennen wir es, Phone-Sharing eine eigene Rufnummer, aber es war dennoch nur *eine* Leitung. Das hieß, wenn eine der angeschlossenen Parteien telefonierte, konnte das keine andere. Weder angerufen werden noch selbst anrufen. Letzteres war daran zu merken, dass nach dem Abheben des Telefonhörers kein Freizeichen ertönte. Sehr oft waren *Viertel*telefone allerdings nicht auf vier Haushalte aufgeteilt, sondern auf zwei. Dennoch mühsam. Übrigens war das System nicht nur der Sparsamkeit geschuldet, sondern auch der Verfügbarkeit von Leitungen. Erst nach dem massiven Ausbau der Telekommunikationsnetze in den Achtzigerjahren verschwand das Vierteltelefon, das zuvor gut 40 Prozent der österreichischen Haushalte benutzt hatten, endgültig.

Es gab übrigens noch eine andere Methode, um insbesondere Kinder daran zu hindern, das Telefon missbräuchlich und zu lange zu verwenden. Solange die Telefone noch Wählscheiben hatten, die zum Wählen der Telefonnummern frei rotieren mussten, konnte man ein kleines Schloss zwischen zwei Fingerlöchern montieren, das dies verhinderte. Wie mir allerdings eine Freundin damals gezeigt hat, ließ sich diese Sperre umgehen. Wenn man nämlich die Telefonnummer, zerlegt in einzelne Ziffern und Pausen dazwischen, mit der Handkante auf die Gabel des Telefons hackte, nahm das Gerät diese Impulse ebenfalls als Signal auf, und die Verbindung kam zustande!

In den Siebzigerjahren kamen dann auch die neuen roten, grünen, weißen und beigen Tastentelefone auf, die zwecks Anrufverhinderung bereits ein kleines Schloss eingebaut hatten. Außerdem brachten die Tastentelefone einige Neuerungen wie die Wahlwiederholung der letzten gewählten Nummer oder das Wunder des Makelns, also des Hin- und Herschaltens zwischen zwei Anrufen. Das allerdings damals bereits genauso schlecht funktionierte wie heute am Handy. All das war zwar noch immer eng mit dem Telefonmonopol der Post verbunden, aber es zeigten sich erste Sprünge in Richtung freiem Markt. Nachdem es nach dem Ausbau nun Telefonbuchsen gab, an die die Telefone angeschlossen waren, statt dass das Kabel einfach aus der Wand kam, konnte man theoretisch und bald auch praktisch Fremdgeräte diverser anderer Anbieter anschließen! Und später Faxgeräte. Und noch später Modems.

In den 1970er-Jahren kamen bunte Tastentelefone auf.

Spätestens ab der Einführung der Schnurlostelefone, bei denen der Hörer nicht fix mit dem Telefon verbunden war

Stabübergabe: Renate Fuczik (r.) sprach 1974 die Zeitansage auf, Angelika Lang (l.) tat dies erneut 2009

und die in der Wohnung überallhin mitgenommen werden konnte, wurden die Nicht-Postgeräte zum Standard. Davor musste man sich übrigens nicht nur mit der Kabellänge des Hörers zum Telefon, sondern auch mit der Kabellänge des Telefons zur Telefonbuchse begnügen. Zu meinem Glück hatten meine Eltern bereits sehr früh das längste verfügbare Kabel, ich schätze einmal 20 Meter, weshalb wir alle schon sehr früh von Küche, Bett oder sogar Klo aus telefonieren konnten. Gewissermaßen der Zeit voraus.

Übrigens waren die Telefone schon vor dem Makeln und anderen Spielereien zu mehr als dem reinen Telefonieren fähig. So wurden einige – natürlich zahlungspflichtige – Dienste wie der Weckruf angeboten, bei dem man sich von der Post aus per Telefon um eine bestimmte Uhrzeit aufwecken lassen konnte. Dazu gab eine ganze Reihe von Tonbanddiensten. Wollte man die genaue Uhrzeit wissen, rief man 1503, und eine prägnante Stimme sagte: „Es wird mit dem Summerton 17:22 Uhr und 10 Sekunden – Piep – Es wird mit dem Summerton 17:22 Uhr und 20 Sekunden – Piep". Wer nun nostalgisch wird: Die Zeitansage gibt es immer noch, sie hat seit 2009 die Telefonnummer 0810 001503, ist digital synchronisiert und wird von Angelika Lang gesprochen.

Weniger bekannt waren die anderen 15er-Nummern, aber ich kannte sie alle, nachdem ich sie auf den ersten Seiten der Telefonbücher entdeckt hatte: So konnte man sich den Schlager des Tages anhören, das Kochrezept des Tages, das aktuelle Wetter, die Börsenkurse oder eine Vorlesegeschichte für Kinder. Oder den Kammerton A. Eine breite Spielwiese in einem Haushalt ohne Vierteltelefon und ohne Schloss an der Wählscheibe.

Dennoch nutzte ich all das natürlich nur selten und immer nur kurz. In gewisser Weise waren die Tonbanddienste jedoch schon eine frühe Möglichkeit, sich abseits von Radio und Fernsehen ein individuelles Programm und individuelle Informationen zusammenzustellen. Dazu kamen auch schon damals Mehrwertnummern, bei denen man mehr als den üblichen einen Schilling pro Minute zahlen musste. Die wirkliche Bedeutung der Mehrwertnummern ergab sich dann allerdings erst später – Stichwort Telefonsex, siehe nächstes Kapitel.

Irgendwann gab es dann auch Faxgeräte.

Übrigens, ein „Ferngespräch“ war damals bereits eines in ein anderes Bundesland oder über eine bestimmte Kilometergrenze hinaus. Ein Telefongespräch Wien-Vorarlberg, die weiteste Inlandszone, konnte da schon richtig teuer werden! Auslandsgespräche sowieso, wenn man sie überhaupt selbstständig zusammenbrachte. Falls nicht, stellte die Telefonvermittlung sie her, oder man ging tatsächlich noch extra auf die Post, um ein echtes Ferngespräch zu führen. Ich bin mir nicht ganz sicher, aber ich glaube, vor allem für Telefonate hinter den Eisernen Vorhang in den Ostblock war das sogar lange Zeit Bedingung.

Bald kam noch ein weiteres neues Gerät hinzu, das man an die neuen Buchsen anschließen konnte: der Anrufbeantworter. Eine weitere kleine Revolution der Telekommunikation. War man früher zu Hause, war man erreichbar, war man nicht zu Hause und niemand sonst konnte das Telefongespräch entgegennehmen und etwas notieren, war man nicht erreichbar. Wenn man zu Hause war, aber nicht erreichbar sein *wollte*, legte man einfach den Hörer neben das Telefon, und ein potenzieller oder besonders lästiger Anrufer erhielt einfach ein Besetztzeichen. Das Ghosting der Siebzigerjahre.

Anrufbeantworter beendeten all das in zweifacher Hinsicht: Zum einen konnte man Botschaften erhalten, auch wenn man nicht zu Hause war. Allerdings nur wenn man a) den Anrufbeantworter auch eingeschaltet hatte, b) das Band nicht voll war oder später c) der digitale Speicher. Und zum anderen war es nun möglich, neben dem Anrufbeantworter stehend zuerst abzuwarten, wer denn da anrief, bevor man sich entschloss abzuheben oder eben nicht.

Erste Mobiltelefone existierten bereits ab 1946 in den USA und hießen Autote-

Manche Gespräche wurden noch von Telefonistinnen per Hand vermittelt.

Der Anrufbeantworter revolutionierte die Telekommunikation.

lefon. Ab den Sechzigerjahren gab es die bei uns dann auch, zuerst als A-Netz, ab den Siebzigerjahren als B-Netz. Allerdings waren diese Geräte nicht weit verbreitet, 1981 hatte das B-Netz in Österreich 1000 Teilnehmer. Tja. Ab 1985 wurde dann das wesentlich handlichere C-Netz eingeführt, aber auch das blieb nur wichtigen Persönlichkeiten oder besonders g'stopften Zeitgenossen vorbehalten. Diese Netze waren übrigens zwar drahtlos, aber noch analog und wiesen international verschiedene Standards auf, weshalb man sie nur im eigenen Land benutzen konnte. Doch die Ära der (ernsthaften) Mobiltelefone dräute heran. 1990 wurde das D-Netz eingeführt, 1993 das E-Netz, das allerdings besser bekannt ist unter dem Namen GSM und das erste digitale Netz wurde. Der Rest ist Geschichte.

In den Siebzigerjahren kam es außerdem zu einer kurzen Funker-Modewelle. Zum einen verbreiteten sich Walkie-Talkies,

In den 1980er-Jahren kamen die ersten schnurlosen Telefone auf den Markt.

die in der Kinderversion ein paar Dutzend Meter und in der Erwachsenenversion immerhin einige Häuser weit (telefonkostenfrei) Kommunikation ermöglichten. Zum anderen versuchten sich auf einmal alle möglichen Leute als CB-Funker, besonders, als der Trucker-Film „Convoy“ ins Kino kam, was echte Amateurfunker ziemlich nervte.

Das Roadmovie „Convoy“ sorgte kurzzeitig für einen CB-Funk-Hype.

In den Achtzigerjahren ereignete sich allerdings noch eine weitere bemerkenswerte telekommunikationsbezogene Episode, die ich hier nicht auslassen möchte: die Pager-Welle. Pager gab es schon lange vor ihrem kurzen Hype, und es gibt sie auch heute noch. Die bei uns gerne auch Piepserl genannten kleinen Geräte sind im Prinzip passive Anrufempfänger per Funk. In der primitiven Version teilten die Geräte einem nur mit, dass ein Kontakt, also ein Rückruf an eine zentrale Stelle nötig war. Dazu musste man allerdings je nachdem, wo man sich gerade befand, erst ein Telefon finden, also eine Telefonzelle aufsuchen. Die Pager-Welle der Achtzigerjahre war dagegen schon digital. Das heißt, man konnte bereits an einem kleinen Display sehen, wer einen denn da angerufen hatte, und vermochte so, die Person direkt zurückzurufen. Also falls man, wie gesagt, ein Telefon in der Nähe fand. Außerdem ermöglichten diese neueren Geräte obendrein die Übertragung von kurzen Textnachrichten, gerne auch flirtender Art. Einziger Nachteil dabei war, dass man die Textbotschaft, die man übermitteln wollte, erst einer Person in der Tele-

Per MUPID ließ sich der Fernseher mit dem BTX-Netz verbinden.

fonzentrale mündlich mitteilen musste … Eine Weile ein echter Trend, der durchaus seinen Reiz hatte, und ein Vorgänger der SMS-Nachrichten.

So viel zum Telefon. Oder eigentlich auch nicht, denn auch der nächste Schritt der Datenübertragung via Computer war am Anfang fix mit dem Telefonnetz, nun, vernetzt. In Österreich hieß das erste solche Gerät MUPID und verband sich und den Fernseher, der als Bildschirm genutzt wurde, via Telefon mit dem sogenannten BTX-Netz. Diesen auch „Bildschirmtext" genannten interaktiven Onlinedienst gab es in Österreich ab 1982, und er bot schon fast alle Features einer modernen Datenübertragung. Man konnte auf Inhalte wie Wetter oder Börsenkurse zugreifen, und zwar in Farbe, aber auch selbst Botschaften an andere Teilnehmer senden. In Postämtern standen manchmal auch telefonzellenartige BTX-Terminals. Das System war eigentlich schon ziemlich ausgereift, der Nachteil war jedoch, dass es ziemlich teuer war. Deshalb setzte es sich zwar teilweise in der Geschäftswelt, aber nie in der breiten Bevölkerung durch. Im Gegensatz übrigens zu Frankreich, wo das „Minitel" Anfang der Achtzigerjahre jedem Haushalt wahlweise gratis statt eines Telefonbuchs zur Verfügung gestellt wurde. Dieses Gerät bestand aus einer Tastatur und einem Schwarzweiß-Bildschirm, war insgesamt billiger produziert, einfach zu bedienen und bot wesentlich weniger Funktionen als BTX, wurde dafür aber breit angenommen und 30 Jahre lang fleißig benutzt. Übrigens von Anfang an auch für die offenbar wichtigsten Zwecke der Telekommunikation – nämlich chatten, flirten und Pizza bestellen. Insgesamt beides jedenfalls eine frühe Art des Internets.

Eine andere Art von früher interaktiver Telekommunikation wurde in Österreich allerdings sehr wohl angenommen, nämlich der Teletext. Den gab es ab 1980, und es gibt ihn noch heute. Wer übrigens mag, kann sich auf sein Smartphone eine Teletext-App (!) herunterladen und auch so auf die Inhalte zu zugreifen. Zwar vermochte man hier nur passiv auf die Informationen, die der Teletext bot, zuzugreifen, aber immerhin

Teletext gab es ab 1980.

konnte man selbst wählen, *welche* Inhalte man sich ansehen wollte! Per Aufrufen gewisser Seite entschied man aktiv, ob man sich dann über Sportereignisse und Nachrichten informieren oder Kochrezepte, Horoskop oder was auch immer lesen wollte. Neben Videospielen und Videorekordern eine weitere frühe Art, individuell zu bestimmen, was man da am Fernsehbildschirm zu sehen bekam.

Heimcomputer waren in den Achtzigerjahren noch kaum ein Thema, es sei denn, sie wurden wie der Commodore 64 hauptsächlich als Spielcomputer genutzt. Echte PCs waren klobig und boten auf ihren monochromen Bildschirmen – meist grüne Schrift auf schwarzem Hintergrund – reine Textinformationen. Ich selbst stieg in das Computerzeitalter Ende der Achtzigerjahre mit einem sogenannten 286er ein, also einem Computer mit dem Intel Chip 80286, der Nachfolger des 8086er Chips. Die Festplatte hatte wenige 100 MB, und auch die funkelnagelneuen Datenspeicher namens 3,5-Zoll-Diskette, die sogar heute noch in fast allen Textverarbeitungssystemen und sogar auf Mobiltelefonen als Symbol für das Speichern verwendet wird, hatten eine Kapazität von gerade mal 1 MB. Das war nicht zu verachten, konnte man darauf doch tatsächlich ganz schön viel Text unterbringen oder manchmal auch ganze Programme. Zum Vergleich: Ein einziges Foto mit dem Handy verbraucht heute das Zigfache an Speicherplatz. Für mich war dieser Computer in erster Linie eine erweiterte Schreibmaschine mit Speichermöglichkeit. Und ich brachte sogar das Kunststück zuwege, jemanden zu finden, der über viele Umwege meine auf Commodore 64-Floppydisks gespeicherten Dateien in PC-Text umwandelte. Mehr schlecht als recht.

Die Floppydisks ermöglichten übrigens noch eine besondere Art der Datenübertragung: In den späten Achtzigerjahren war ich bereits als freier Autor und Journalist tätig und notorisch von Deadlines verfolgt. Texte übertrug ich daher manchmal in letzter Minute per Fax, was allerdings dazu führte, dass jemand am anderen Ende sie noch einmal abtippen musste. Später jedoch auf eine Weise, die ich als mein persönliches „most eighties

Echte PCs waren klobig und boten nicht viel mehr als grüne Schrift auf schwarzem Hintergrund.

3,5-Zoll-Disketten wurden ab 1983 produziert

thing" überhaupt bezeichnen würde: Ich schrieb den Text, speicherte ihn auf Diskette und schickte diese dann... per Fahrradboten an die Redaktion. Datentransfer per Pedal.

Jedenfalls gab es damals noch nicht sehr viele private Computer, und die Verbindung mit anderen Computern zum Zwecke der (Online-)Datenübertragung war überhaupt nur einer Minderheit vorbehalten. Natürlich bestand das Internet in seiner Frühform bereits seit Ende der Sechzigerjahre (als Verbindung zwischen Universitäten) und wurde dann beständig erweitert, aber das WWW entstand erst rund um 1990, und es dauerte bis Mitte der Neunziger Jahre – Stichwort Windows 95 –, bis genug Haushalte über einen geeigneten Computer verfügten, mit dem all das möglich wurde, was auch heute noch möglich ist. Unter anderem eine Art frühes österreichisches Facebook namens Blackbox. Irgendwann wurde endlich ein eigener, geringerer Datentarif eingeführt, nachdem die ersten Onlineuser durch horrende Rechnungen der Post zum Telefontarif fast in den Ruin getrieben wurden. Aber das ist eine andere Geschichte und soll ein andermal erzählt werden.

Prozessorkern eines Intel 80286 mit 8 MHz

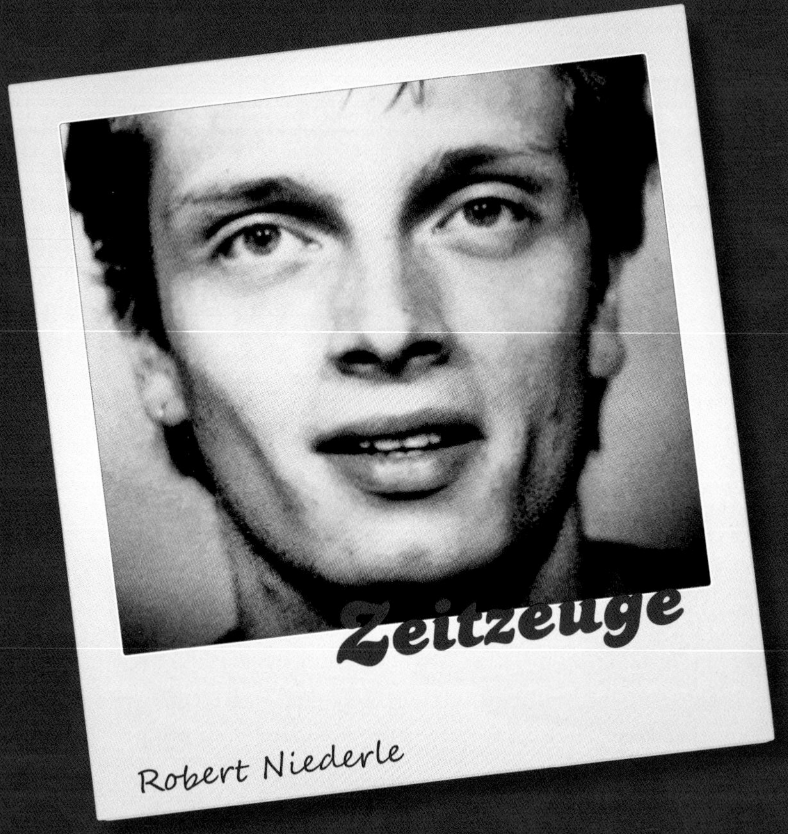

In den Pornos der 70er-Jahre waren weibliche Darsteller behaart und mussten nicht unbedingt perfekt aussehen, und viele Filme hatten technische Spielfilmqualität, oft auch mit humoristischen Ambitionen. In den 80er-Jahren hatten die Frauen Brustimplantate und waren rasiert. Aus den Filmen wurden zunehmend billigste Videos, sie waren zuckerlbunt und seelenlos. Zur Untermalung gab es die sprichwörtlich gewordene Pornofilmmusik aus dem Synthesizer, die einem zusätzlich das Vergnügen verdarb.

Pille, Sexshops, Schäffer-Kino

Sexuelle Revolutionen

Dating und Mating, um es einfach einmal so auszudrücken, der letzten 100 Jahre unterscheiden sich nicht radikal von heute. Wenn man es auf die wesentlichen Punkte reduziert, hat sich da sogar in den letzten Jahrhunderten, vielleicht sogar Jahrtausenden nicht so rasend viel getan. Flirtversuche, Romanzen und Beziehungsdramen aus der Antike sind für uns im großen Ganzen heute noch nachvollziehbar. Zwar gibt es immer wieder kulturelle Unterschiede, etwa arrangierte Ehen versus Liebesheiraten, aber auch die waren oft nur auf eine soziale Schicht oder Religionsgruppe bezogen und haben sich in ihrer Verbreitung im Laufe der Jahrhunderte in einem steten Auf und Ab bewegt.

Kurz und gut, die wesentlichen Wege, wie zwei Paarungswillige zu einem Paar werden, haben sich zwischen der Zeit rund um 1980 und heute kaum verändert. An dieser Stelle geht es also eher um die Details – sagen wir Kontaktanzeigen versus Online-Partnerbörsen. Außerdem gibt es naturgemäß durchaus ein paar Unterschiede, etwa was veränderte Moralvorstellungen betrifft oder das Verhalten der Geschlechter. Und wenn man hier einen Wandel zwischen „früher" und heute festmachen möchte, dann sind gerade die Siebziger- und Achtzigerjahre der richtige Ort dafür, folgten sie doch unmittelbar auf die sogenannte sexuelle Revolution und waren die große Zeit der Emanzipationsbewegung der Frau. Und auch die Zeit der die Anerkennung der Homosexualität. Aber der Reihe nach, vorerst ganz hetero.

Wo lernte man in den Siebzigerjahren jemanden kennen? Nun, im Freundeskreis, in Discos, in der Schule oder am Arbeitsplatz oder bei Partys. Wie war der Ablauf? Nun, der Mann sprach die Frau an, nachdem diese eventuell Signale ausgesendet hatte – oder auch nicht –, man kam ins Gespräch – oder auch nicht, wenn einer der beiden Partner plötzlich das Interesse verlor, kam sich näher oder auch nicht, und alles Weitere folgte. Einige Unterschiede zu den Jahrzehnten davor gab es natürlich schon. Durch die breite Verfügbarkeit der Antibabypille („Fummel, fummel, kille, kille, du nimmst eh die Pille?" – EAV) kam man in den Siebzigern öfter schneller zur Sache und verzichtete weitgehend auf Kondome. Diese erfuhren erst wieder in den Achtzigerjahren eine Renaissance, die im Wesentlichen bis heute anhält, nachdem die Gefahr einer Ansteckung mit dem hochgefährlichen HI-Virus immer präsenter wurde. Weshalb auch die in den Siebzigerjahren noch omnipräsenten, aber dann immer mehr verschwindenden klassischen Olla-Kondomautomaten in späteren Jahren ebenfalls eine Renaissance erlebten.

Eine Wiener Besonderheit: Auf einer Party lernt man niemanden kennen!

Das Kennenlernen über den Freundeskreis war die häufigste Art der Partnervermittlung. Aber nur beim gemeinsamen Fortgehen und in kleinen Gruppen. Das hat mit einer Wiener Besonderheit zu tun, nämlich folgender: Man lernt auf Partys niemanden kennen. Warum das gerade in Wien so ist, weiß ich nicht, aber es ist eine Besonderheit, die viele Zugereiste, seien sie aus den Bundesländern oder aus anderen Nationen schon oft beobachtet und berichtet haben. Kommt man in Begleitung als Neuer, sagen wir einmal in Deutschland, zu einer Party, interessieren sich sofort mehrere Personen für einen und wollen gerne wissen, wie man heißt, woher man kommt … Daraus können sich dann natürlich auch amouröse Verstrickungen entwickeln. Kommt man in Wien als Begleitung zu einer Party, wird man im Normalfall ignoriert, höchstens von der Seite gemustert, und in den meisten Fällen hat man kaum Kontakt zu jemand anderem als zu den Personen, mit denen man gekommen ist. Außer man wird offensiv vorgestellt, stößt auf einen der stets anwesenden betrunkenen Asozialen oder wird, falls weiblich, vom Weiberer der Gruppe sofort massivst angebaggert. Aber sogar diese Fälle führen oft nur zu kurzen Gesprächen, und man findet sich bald bei der eigenen Gruppe wieder. So wie auch alle anderen anwesenden Gruppen bei einer Party im großen Ganzen unter sich bleiben und sich so gut wie nie mischen. So viel zu diesem typisch Wiener Exkurs.

Eine Sache, die sich im Laufe der Siebziger- und Achtzigerjahre vielleicht schleichend verändert hat, aber bis heute eigentlich nicht ganz durch ist: Der Mann musste die Initiative ergreifen. Selbst wenn die Frau ihm davor deutli-

Anzeigen in Zeitung waren eine Art der Kontaktanbahnung.

che Signale gab, der erste Schritt musste klassisch stets von ihm ausgehen. Obwohl sich Frauen im Zuge der sexuellen Revolution der Siebzigerjahre und zunehmender Emanzipation der Achtzigerjahre oft getraut haben, das zu durchbrechen und selbst initiativ zu werden, hat sich hier eine Gleichstellung noch lange nicht durchgesetzt.

Anders ist das bei indirekter Kontaktanbahnung. Soll heißen, die Vermittlung über den Freundeskreis, etwa in Form eines Blind Dates, oder aber durch schriftliche Kontaktaufnahme. Und gerade bei Letzterem hat sich wohl seit damals am meisten verändert. Vehement zwar erst nach den Achtzigerjahren, aber erste Schritte und Entwicklungen gab es schon davor. Nicht unwesentlich dazu beigetragen hat die Zeitung „Bazar". Auf Zeitungspapier gedruckt im Magazin-Format, konnte hier jeder alles gratis inserieren. Die Zeitschrift selbst musste man zwar kaufen, aber besonders teuer war sie nicht. Im Gegensatz also zu kostenintensiven Kleinanzeigen in normalen Zeitungen, die es schon seit Jahrhunderten gab, konnte hier neben Autokauf und Comicsammeln jeder nach Lust und Laune gratis auf Partnersuche gehen. Sei es für eine feste Bindung oder für erotische Kontakte – durchaus unterschiedlicher Spielarten. Zwar existierten für die ganz handfesten Sex-Kontakte noch eigene andere Medien, aber dazu später.

In gewissem Rahmen vermochte man sich hier also ganz leidlich selbst präsentieren und aus Angeboten anderer auswählen. Die tatsächliche Kontaktaufnahme erfolgte dann allerdings zuerst per Post, vielleicht sogar postlagernd, und erst nach einigem Hin und Her telefonisch oder live. Das machte viele und vor allem viele Frauen mutig, führte aber damals schon zu ähnlichen Problemen, wie es sie auch heute noch bei vielen Kontaktforen gibt: Schrieb eine Frau im Wesentlichen nicht mehr als „Ich bin eine Frau", wurde sie sehr rasch von einer Vielzahl oft auch derber Zuschriften überflutet. Schrieb ein Mann und pries sich auch noch so farbenprächtig an, war die Resonanz bei den Frauen meist nicht sehr üppig. Diese neumodische – insofern, als gratis und weit verbreitet – Form der Kontaktanzeigen führte dann in den Neunzigerjahren nahtlos zu den ersten Online-Kontaktbörsen, sogar noch prä-Internet.

Andere Varianten des Kennenlernens, wie die in den Fünfziger- und Sechzigerjahren

Tischtelefone im Kontaktcafé starben damals aus.

aufgekommenen Kontaktcafés, in denen man via Tischtelefon flirten konnte, starben langsam aus, neue Ideen und Systeme wie Singlepartys, bei denen jeder der Anwesenden eine gut sichtbare Nummer trug, damit man die Person nachher auf bereitgestellten Postkarten kontaktieren konnte, entstanden. Überhaupt kam der Begriff „Single" damals erst auf und verlor zugleich den negativen Beigeschmack, den er hatte, nämlich im Sinne einer alleinstehenden Person, die keinen Partner fand. Im Gegenteil: Single sein konnte auf einmal auch eine bewusst gewählte, selbst definierte Lebensphase darstellen. Siehe unter anderem den damals gängigen „Sponti-"Spruch „Eine Frau ohne Mann ist wie ein Fisch ohne Fahrrad" sowie das Lied „Sind Sie Single?" von Joesie Prokopetz, das allerdings erst 1994 herauskam. Nicht ganz, aber doch ein wenig in diesem Zusammenhang erwähnenswert: Die künstliche Befruchtung wurde damals in der Medizin eingeführt. Das erste so gezeugte österreichische Baby kam 1982 zur Welt.

Verlassen wir nun jedoch den allgemeinen Bereich des Spiels der Geschlechter, lässt er sich tatsächlich doch relativ schwer gesamtgesellschaftlich an Jahrzehnten festmachen.

Etwas anders sieht es im Bereich von gelebtem Sex und Pornografie aus, unter anderem, weil sich hier im Laufe der Zeit auch die gesetzlichen Rahmen ziemlich verändert hat.

Zuerst zum privaten Geschlechtlichen. Gewisse Tabus begannen sich schon in den Siebzigerjahren und dann verstärkt in den Achtzigerjahren zu verschieben. So galt Geschlechtsverkehr in Österreich bis in die Siebzigerjahre als „normal", obwohl er vorehelich in konservativeren Kreisen nach wie vor abgelehnt wurde. Oralsex dagegen galt als ein wenig abartig und wurde geächtet. Analsex war überhaupt nur etwas für die ganz, ganz, ganz Perversen. Und von S/M-Praktiken wurde, wenn überhaupt, nur gemunkelt. Nein, der brave Österreicher legte sich missionarisch frontal auf die brave Österreicherin, und man brachte die Sache einigermaßen rasch hinter sich.

Das alles veränderte sich damals langsam, einerseits durch Pornografie (dazu gleich), andererseits auch durch andere kulturelle Einflüsse. So vernahm man in Österreich staunend, dass konservative amerikanische Mädchen bei ihren Freunden in erster Linie Oralsex durchführten, um Jungfrau zu bleiben! Eine bei uns eher absurde Vorstellung. Dazu begannen auch freizügigere Filme, abseits von Pornografie ein neues, offeneres Bild zu vermitteln. Etwa „Rocky Horror Picture Show" oder „Hair". Auch große Erotik- und Sexfilme kamen damals auf, teilweise in prominenter Besetzung, teilweise als Kunstfilme angesehen, und wurden in regulären Kinos gezeigt, etwa die „Emmanuelle"-Serie, „Caligula", „Im Reich der Sinne" (Japan), „Der letzte Tango in Paris" … und oft ging es dabei

Filme wie die „Rocky Horror Picture Show" vermittelten ein neues Bild von Sexualität.

Das Künstlerpaar Peter Weibel und Valie Export standen 1971 wegen Pornografie und Verstoßes gegen das Schmutz- und Schundgesetz vor Gericht.

nicht nur um Sex an sich, sondern auch um mehr oder weniger perverse Leidenschaften, Obsessionen und eben genau um die Frage: Was ist normal? Diese, wenn man so will, Aufklärungsarbeit wurde auch in den Achtzigerjahren fortgesetzt, etwa durch: „China Blue", „Die öffentliche Frau", „Wenn der Postmann zweimal klingelt", „Betty Blue – 37,2 Grad am Morgen" oder „9 1/2 Wochen".

Spielarten der Sexualität wurden populärer, etwa dadurch, dass man Bücher über das Kamasutra an jeder Ecke oder sogar bei Donauland erwerben konnte. S/M und Fetische waren zwar noch nicht wirklich salonfähig, aber immer wieder wurde an verschiedenen medialen Stellen und auch etwa in der Mode darauf verwiesen.

Natürlich fand die Auseinandersetzung um sexuelle Themen auch in der Kunst statt. In Österreich begann Valie Export bereits in den späten Sechzigerjahren mit provokanten Aktionen. Einer ihrer Partner, Peter Weibel, nahm sogar einen künstlerischen, wenn man so will, NDW-Austropopsong namens „Sex in der Stadt" auf, und Drahdiwaberl zeigten bei ihren anarchistischen Auftritten, was man so alles mit einem menschlichen Körper anstellen kann. Oft echte Orgien, spontaner jedenfalls als das auf seine Weise ebenfalls sehr provokante, künstlerisch überhöhte „Orgien Mysterien Theater" von Hermann Nitsch.

Nicht zu vergessen der Bereich der Werbung, der auch immer wieder mit erotischen bis anzüglichen Bildern punkten wollte und konnte. Wie zum Beispiel die provokanten Palmers-Plakate, die in einer Gegenreaktion immer wieder von Aktivistinnen übermalt wurden. Denn überhaupt entdeckten Frauenrechtlerinnen bald, dass die sexuelle Befreiung in Form von freierer Darstellung insbesondere des weiblichen Körpers rasch ausgenutzt wurde und zum Teil genau das Gegenteil, nämlich die erneuerte Degradierung der Frau zum Lustobjekt, mit sich brachte. Eine dünne Linie, auf der bis heute balanciert wird. Begleitet wurden diese Erkenntnisse übrigens federführend durch die feministischen Comics von Claire Bretécher und Franziska Becker.

Eine andere provokante Werbeserie waren die Römerquelle-Werbungen, in denen immer wieder kokett mit der Liebe zu dritt, sei es zwei Männer und eine Frau oder zwei Frauen und ein Mann, gespielt wurde. Bis hin zur insinuierten lesbischen Beziehung in einem Clip mit Eddie Constantine, Susanne Widl und einer weiteren Darstellerin.

Noch zwei Besonderheit der Fernsehwerbungen dieser Zeit: Menstruation wurde zwar irreführenderweise blau, aber erstmals überhaupt dargestellt. Und Nacktheit von Frauen, etwa im Bad oder unter der Dusche, war im ganz normalen Werbefernsehen ganz normal.

Nacktheit von Menschen bis hin zu nackten Männern auf den Titelblättern ganz normaler Magazine, ja sogar Nachrichtenmagazine, galt zwar ebenfalls als ein bisschen provokant und pikant, war jedoch weit verbreitet. „Stern“ und sogar „Spiegel“ und „profil“ brachten gerne zu jedem möglichen und unmöglichen Thema – oft Medizin und Evolution – nackte Körper auf das Cover. Legendär die Ausgabe der Zeitschrift „WIENER“, in der sich ganz normale Menschen und auch einige Prominente, darunter Dolores Schmidinger und Manfred Deix, auszogen und textillos ablichten ließen. Das Cover zierte ein nacktes Mädchen unter 18. Vieles, wenn nicht alles davon, wäre heute nicht mehr möglich.

Mit dem „WIENER“ kam ein völlig neuer Typus von Zeitschrift auf den Markt.

Einschub zum Thema Zeitgeist-Magazine: Mit dem „WIENER“ kam tatsächlich ein vollkommen neuer Typus von Zeitschrift auf den Markt. Ein wenig Politik, ein wenig Mode, ein wenig Autos, ein wenig Prominente, ein wenig Musik, ein wenig Sex … aber alles am Puls der Zeit oder sogar der Zeit voraus, alles hipp, cool und gerne provozierend. Der erste „WIENER“ erschien 1979, und schon bald folgten viele ähnli-

Christopher Atkins und Brooke Shields in „Die blaue Lagune"

che Magazine im In- und Ausland. Unter anderem der offizielle deutsche Ableger, ebenfalls mit dem Titel „WIENER", die deutschen Magazine „PRINZ" und „TEMPO" und das österreichische „BASTA". Immerhin, den original „WIENER" gibt es tatsächlich bis heute.

Doch zurück zum erwähnten provokanten Cover. Die Darstellung Minderjähriger im erotischen Kontext, ja sogar Sex mit Minderjährigen, wurde damals zum Teil noch (juristisch) anders bewertet beziehungsweise eher toleriert. Diese problematische Thematik zeigte sich auch in Filmen der damaligen Zeit wie „Pretty Baby" (Brooke Shields) oder auch „Das Mädchen am Ende der Straße" (Jodie Foster). Am anderen Ende des Spektrums befand sich die scheinbar freie, geradezu verkitschte Erotik junger Menschen wie in „Die blaue Lagune" (wieder Brooke Shields) oder die umstrittenen Filme und Fotografien von David Hamilton („Zärtliche Cousinen").

Wobei wir hier langsam in den Bereich des kommerzialisierten Sex hinüberwechseln. Und seine Abgrenzung zur Pornografie. Es existiert hier, vor allem in Filmen, eine seit jeher eherne Definition: In Sex-Filmen tut man so als ob, in Pornos tut man es.

Die Entscheidung, diesen Bereich in diesem Buch zum Thema zu machen hat vor allem damit zu tun, dass sich auch hier enorm viel geändert hat. In den Siebzigerjahren war Pornografie zwar durchaus weit verbreitet, aber schwerer zu bekommen, teuer und einigermaßen verborgen. Heute dagegen hat jeder praktisch jede pornografische Spielart der Welt mit nur einem Suchbegriff und Klick am Bildschirm oder am Handy. Die Achtzigerjahre waren auch hier eine Übergangszeit der Zwischenschritte.

Die berüchtigte Internetregel „Rule 34", besagt ja, dass es zu allem, was es gibt, auch eine pornografische Version (im Internet) gibt. Eine Vorform davon ist die Aussage, dass es ein Medium als Medium erst dann geschafft hat, wenn es auch für Pornografie verwendet wird. Daher gab es in den Siebzigerjahren neben pornografischen Büchern, pornografischen Zeitschriften und Pornofilmen im Kino natürlich auch Pornofilme für den Schmalfilmprojektor zu Hause. Pornografische Bücher fand man in entlegenen Teilen mancher Buchhandlungen oder in einschlägigen

Erotische Literatur in einem Schaufenster

Versandkatalogen. Außer, es waren die freizügigen Bücher des Zeitgeistes wie „Geschichte der O" oder „Emmanuelle", die in einer eigenen Reihe des angesehenen Rowohlt-Verlags erschienen – neben Klassikern der Pornografie wie „Josefine Mutzenbacher". Auch bei Donauland gab es auf einmal eine Serie „klassischer Erotik", wie den pseudoantiken Roman „Die Weisheiten der Aspasia".

Pornografische Zeitschriften wurden einerseits, wenig verdeckt von harmloseren Magazinen, von Straßenkolporteuren angeboten, billiger, weil secondhand, unter dem Tisch in den damals noch reichlich vorhandenen Romanschwemmen und Romantauschzentralen sowie in den zu dieser Zeit langsam aufkommenden Sexshops – anfangs klein, in abgelegenen Straßen verborgen und ein klein wenig skandalös. Dort war Pornografie allerdings meist hoffnungslos überteuert. Ein heißer Tipp in Wien waren für diesbezüglich Interessierte die Filialen des „American Bookshop". Zwar boten die auch sonst Interessantes, verkaufte man doch dort US-Magazine (etwa für jede Sportart gefühlt 20 unterschiedliche, und sei sie noch so obskur) und US-Comics, die sonst nirgendwo erhältlich waren. Im Hinterzimmer des „Bookshops" beziehungsweise beim Naschmarkt im Untergeschoss tat sich dann der pornografische Himmel auf. Oder die Hölle, je nach moralischer Sichtweise.

Playboy-Gründer Hugh Hefner und seine Freundin Barbara Benton, umgeben von „Bunnies", 1970

Sex-Magazine, die also nach oberer Definition sehr wohl Nacktheit, aber keine eindeutigen pornografischen Handlungen zeigten, nahmen auch keinen geringen Teil im normalen Zeitschriftenhandel ein. Allen voran natürlich die Flaggschiffe „Playboy" und „Penthouse". Manche billigeren Hefte paarten harmlose Nacktfotos mit zweifelhaftem Humor, wie „Praline" oder „Sexy". Ich bin mir nicht ganz si-

Die deutschsprachige Ausgabe des französischen Männermagazins „Lui" wurde 1992 eingestellt.

cher, wen das angesprochen hat, mich jedenfalls nicht. Und tatsächlich existiert „Praline" bis heute … Manche gaben vor, eigentlich Nachrichten-Illustrierte zu sein, wobei das einigen wie der „Neuen Revue" weniger gelang, einigen besser wie „Quick", sozusagen der nackteren Version des „Stern".

Eine Art Zwischenexistenz stellten die Kontaktmagazine dar. Sex-Kontakte oder das berühmt-berüchtigte „ÖKM" („Österreichisches Kontaktmagazin") boten neben schriftlichen Kontaktanzeigen und abenteuerlich gelayouteten Artikeln zu verschiedenen Sex-Themen manchmal auch Rezensionen von Pornofilmen und dazu (meist sehr schlecht gerasterte und schwarz-weiße) pornografische Fotos. Oft aus Filmen oder Magazinen, meist allerdings auch selbst gemachte Privatfotos von den Lesern und Leserinnen, die allerdings meist eher in die Kategorie Deix-Figuren gehörten. Nicht jedermanns Sache. Übrigens existieren viele dieser Kontaktmagazine trotz Internet bis heute.

Heft der im Volksverlag erschienenen „Kleinen geilen Reihe"

Kleiner Exkurs Porno-Comics: Die brachte so mancher gerne aus dem Urlaub aus Italien mit, wo sie als billige Heftchen für wenige Hundert Lire an jeder Ecke zu haben waren. Oder man prahlte mit edler gezeichneten und edler ausgestatteten Hardcover-Bänden aus Frankreich, Belgien und Holland. Nicht wenige davon wurden auch auf Deutsch übersetzt und in den langsam aufkommenden Comic-Shops – auch eine Novität der Zeit, viele davon ursprünglich Romantauschzentralen – gehandelt. Zu normalen Preisen, weil Comic-Album. Auch so mancher Sexshop bot sie an, allerdings völlig überteuert, weil Porno …

Elfis Kino 3., Fasangasse 18, 11 bis 20 Uhr.
Man zahlt 110 Schilling für eine Stunde Pornofilme und sitzt auf wackligen Stühlen an ausgedienten Küchentischen ohne weibliche Betreuung.
Erotik Center 4., Rechte Wienzeile 21, 9 bis 22 Uhr, außer sonntags.
Hier gibt es Videofilme und Peep-Show, Live-Show und Einzelkabinen. Für 10 Schilling gibt es eine Minute Peep-Show und für 160 ö.S. um 14, 15, 17, 18 und 19 Uhr den Pärchenbums auf der Bühne. Man kann sich hier animieren oder in der „Pussy Kabine" (3 Min. 50 ö.S.) verwöhnen lassen.
ML Revue Mariahilfer Gürtel/Ecke Palmgasse, tgl. 10 bis 24 Uhr.
Saubere und gepflegte Peep-Show, daneben noch Kino und Videokabinen.
Movie Line Hernalser Gürtel 43, 10 bis 24 Uhr.
Peep-Show und Video in Kabinen nach entsprechenden Münzeinwurf.
Peep Show Neubaugürtel 15 (neben „Bar Castellan"), 12 bis 24 Uhr.
Peep-Show, Solokabinen und auch Pärchen und Lesbenshow, die aber meist nur in der Ankündigung stattfinden.
Schlössel Kino 5., Margarethenstr., 14 bis 21 Uhr.
Richtiges Lichtspieltheater mit Pornofilmen. Eintritt 80 bzw. 90 ö.S.
Sexkino 72 7., Mariahilferstr. 72, I. Stock, 9 bis 20 Uhr, außer Sa. und So.
Im Nebenraum eines Sex-Shops flimmern auf großer Leinwand erotische Spielfilme. Eintritt 110 ö.S.
Sexmuseum 2., Straße des 1. Mai 51a (Prater), 12 bis 23 Uhr.
Europas erstes Sexmuseum, Hausherr Josef Schwingsmehl zeigt rund 3000 Sexponate. Präsentiert werden u. a. in Schaukästen Sexpraktiken und erotische Hilfsmittel. Gezeigt werden auch originelle Sexfilme aus Opas Kino, zwischendurch wird „Striptease live" geboten. Eintritt 60 ö.S.
Sex Quelle 5., Neubaugürtel 50, Mo. bis Sa. 12 bis 24 Uhr.
Sex-Shop mit Videokabinen.
Sex Shop 2., Czerningasse 29, Mo. bis Sa. 8 bis 22 Uhr.
Filme in Videokabinen innerhalb eines kleinen Sexshops.
Sex World 6., Mariahilfer Str. 51, 9 bis 18 Uhr.
Videos in Kabinen, Einwurf ab 5 ö.S., 64 Programme zur Wahl und ein Kino, geöffnet von 9 bis 21 Uhr, Eintritt 100 ö.S.

Wiener Pornokinos, Peepshows und Sexshops von damals im Überblick

Für den Genuss von Pornofilmen musste man, sollte man alt genug sein und nicht einen der seltenen Filmprojektoren und die noch selteneren pornografischen Schmalfilme besitzen, in Pornokinos gehen. Glücklicherweise (wenn man so will) gab es von denen in Wien ausreichend. Zu den bekanntesten gehörten das „Rondell-Kino", heute das Jazz-Lokal „Porgy & Bess", das „Mariahilfer Kino", später „Gruppe 80", heute das „TAG – Theater an der Gumpendorfer Straße", oder das „Schäffer-Kino" auf der Mariahilferstraße, heute ein Billa. Auch im Prater lockten – neben dem berühmten Sex-Museum und Live-Striptease auf der Bühne – zwei Pornokinos, deren besondere Spezialität es war, tagsüber und vor allem am Wochenende Kasperltheaterstücke aufzuführen und am Abend dann Pornofilme. Die Aushangfotos für beide Darbietungen prangten friedlich nebeneinander bei den Eingängen.

Die Existenz dieser Pornokinos war übrigens alles andere als geheim, ganz im Gegenteil. In den Kinoprogrammen der Zeitungen wurde auch das Programm der Erotikkinos aufgelistet. Oft sogar besonders groß und schwarz umrandet, denn damals konnte man sich den Platz in der Listung durch Extrazahlung größer und stärker setzen lassen. Vor allem in „Kurier" und „Kronen Zeitung" waren daher die Titel von Pornofilmen, wenn sie auch manchmal dezent zensiert wurden, kaum zu überlesen. Ich erinnere mich bis heute staunend an einen Titel, der fett gedruckt

Zeitungsanzeige für einen Film im „Schäffer-Kino"

„Der Fluch der schwulen Sch …" lautete. In der Nobel-Zeitung Die Presse fehlten diese Kinos, soweit ich mich erinnere, und auch sonst achtete man dort auf Etikette und listete einmal sogar den Disney-Film „Splash – Eine Jungfrau am Haken" als „Platsch – Die Mermaid" – ich schwöre. Vielleicht allerdings nicht aus Prüderie, sondern als Trolling auf hohem Niveau.

Analog zu den echten Pornofilmen gab es natürlich auch harmlosere Sexfilme der Marke „Gejodelt wird im Unterhöschen" oder „Wenn die prallen Möpse hüpfen" (beides echte Titel) sowie Sex-Komödien wie die „Eis am Stiel"-Serie. Ein Vorteil für Jugendliche, denn in solche Vorstellungen, die in ganz normalen Kinos liefen, durfte man bereits ab 16 hinein. Übrigens gibt es auch heute noch Pornokinos in Wien, eigentlich erstaunlich angesichts der Konkurrenz.

Womit wir wieder beim Thema der Revolution der 1980er wären. In Sachen Pornografie fand diese vor allem in Form des neuen Mediums Video statt. Tatsächlich wurde der Formatstreit zwischen VHS und den Mitstreitern wesentlich dadurch entschieden, dass die VHS-Lizenzgeber von Anfang an auch Pornofilme zuließen, die Mitkonkurrenten nicht. Das ist übrigens kein Gerücht, sondern medienhistorische Tatsache. VHS-Kaufkassetten mit pornografischen Filmen waren am Anfang allerdings sehr teuer und selten. Bevor es echte Videotheken gab, übernahm auch hier so manche Romantauschzentrale diese Funktion. Man fragte verstohlen danach, bekam den Film und behielt ihn für eine Woche. Schwierig, kompliziert und umständlich, vor allem, weil es nur wenige Quellen dafür gab. Daher wurde recht bald dank der neuen technischen Möglichkeiten privat zwischen Videorekordern kopiert. Die Qualität litt zwar darunter, aber, sagen wir so: Es reichte.

Ein System, das sich bald überholte, denn Videotheken entstanden plötzlich überall, und praktisch alle hatten hinter einem Perlenschnurvorhang einen Bereich 18+. Dahinter war die Auswahl groß, aber meist ein wenig teurer. Wer spezifischere Interessen hatte – Stichwort etwa S/M –, musste in Sexshops gehen und die Kassetten kaufen. Wobei es auch die eine oder andere Spezialvideothek gab, die alles anboten, was noch

Mit den Videokassetten explodierte der Pornokonsum.

einigermaßen als legal durchging. Dazu boten Sexshops Pornokabinen, und eine Weile hatten auch die weiter abseits gelegenen Automatenhallen im Prater welche, bei denen man sich wie in einer Fotobox hinter eine Tür oder einen Vorhang setzte, Geld einwarf und dann aus einer Reihe von Kanälen auswählen konnte.

Mit den Videokassetten explodierte also der Pornokonsum. Doch auch die gerade aufkommenden Computer wie der Commodore 64 wurden fleißig für Pornografie genutzt. Wenn auch eher rudimentär. Das lag sowohl an der Auflösung durch die beschränkte Anzahl von Pixeln als auch am Speicherplatz. Dennoch existierten etwa erotische oder pornografische Zeichnungen, anfangs aus Buchstaben und Symbolen gebildet, und Kürzest-Animationen. Die den Vorteil genossen, dass die rasche Wiederholung des ewig gleichen Vorgangs in einer Endlosschleife, die in anderen Fällen sehr schnell langweilig wirken würde, im pornografischen Kontext standardmäßig dazugehört …

Die Wiener Innenstadt aus einem zeitgenössischen Erotikführer, damals noch mit Straßenprostitution in der City

Übrigens waren alle Darsteller und Darstellerinnen damals behaart, wenn sie aus Europa waren, auch unter den Achseln. Der Trend, sich die Achselhaare zu rasieren, kam erst im Laufe der Achtzigerjahre aus den USA zu uns. Der Trend, sich intim zu rasieren, erst langsam im Laufe der Neunzigerjahre. Bis in die Achtzigerjahre galt ein rasierter Intimbereich sogar eher als abstoßend und alles andere als erotisch.

Nun ein Blick auf den Bereich käuflichen Sex. In Wien besteht ja schon seit langer Zeit die etwas paradoxe Situation, dass Bordelle zwar verboten sind, Prostitution aber erlaubt. Soll heißen, wenn jemand eigenständig und mit regelmäßig überprüftem Gesundheitszeugnis, dem sogenannten „Deckel“, dem ältesten Gewerbe der Welt nachgeht, gilt er oder sie in Österreich zwar nicht offiziell als Gewerbetreibender, aber immerhin als „Neue/r Selbstständige/r“. Es bestehen jedoch auch gewisse Unterschiede zwischen damals und heute. So war die Straßenprostitution in Wien bis in die Achtzigerjahre hinein auch in der Innen-

1981 besang die Spider Murphy Gang den „Skandal im Sperrbezirk".

stadt erlaubt. Nach 22 Uhr. Wer damals etwa in der nächtlichen Kärntner Straße unterwegs war, konnte diverse Damen an den Straßenecken stehen sehen, bekleidet meist mit Pelz und Netzstrümpfen aber sonst nicht viel. Tatsächlich war die Prostitution in dem nicht geschlossenen Rechteck Kohlmarkt, Graben, Kärntner Straße so weit verbreitet, dass etwa der bekannte Bildhauer Alfred Hrdlicka eine dreiteilige Serie von Akten genau so benannte.

Auch der amerikanische Autor John Irving, der die Handlung seiner Romane öfters in Wien ansetzte, schrieb über die Straßenprostitution auf der Kärntner Straße. Das wurde schließlich beendet, und Prostitution außerhalb von fixen Gebäuden findet jetzt nur noch außerhalb der Innenstadt statt. (Siehe auch „Skandal im Sperrbezirk" der Spider Murphy Gang zu analogen Veränderungen in München.) Womit wir gleich beim nächsten Thema sind: Sozusagen zum Ausgleich wurden sogenannte Callgirls und Begleitservices populärer, deren Telefonnummern sich ebenfalls in den ganz normalen Kleinanzeigen ganz normaler Zeitungen fanden. Siehe auch das bereits erwähnte Lied „Sex in der Stadt" von Peter Weibel, in der dieser solche mit monotoner Stimme vorlas.

Damals neu, heftig inseriert und eine Weile tatsächlich so etwas wie ein Trend: Telefonsex. Auch wenn die Damen im Callcenter vermutlich völlig angezogen, durchschnittlich attraktiv und vielleicht sogar nebenbei dabei waren, einen Pullover zu stricken oder den „Rubik's Cube" zu lösen, vermittelten sie doch immerhin verbal die Fantasie einer heißen sexuellen Begegnung. Bezahlt durch die damals neu aufkommenden Mehrwertnummern. In der billigeren Version stöhnte einem jemand etwas Voraufgezeichnetes am Tonband vor.

Eine andere Form des zwar interaktiven, aber kontaktlosen Sex boten die damals ebenfalls neuen Peepshows (denen die Spider Murphy Gang ebenfalls ein Lied widmete), oft in oder neben Sexshops angesiedelt. Rein in die Kabine, Geld eingeworfen, und schon hob sich die Sichtscheibe und man konnte eine sich auf einem Drehteller rekelnde nackte Frau aus allen Perspektiven beobachten. Tatsächlich aus allen Perspektiven, weil sie meistens von Spiegeln umgeben war. Wohl gemerkt: Vieles davon, wenn nicht alles, gibt es auch heute noch. Aber damals war es neu und kam gerade erst auf.

Die immer stärker wogende und auch als solche bezeichnete „Sexwelle" und „Pornowelle" führte natürlich auch zu Widerstand. Und zwar einerseits aufseiten emanzipatorischer Feministinnen und andererseits aufseiten konservativer Christen. Erwähnt seien hier die damals aufkommenden „PorNo"-Sticker und der berühmt-berüchtigte „Pornojäger" Martin Humer, der immer wieder mediale Aufmerksamkeit durch Anzeigen gegen alles und jeden sowie diversen, teilweise auch illegalen, Aktionen erregte. Um alles sachgerecht zu dokumentieren, hatte allerdings gerade er eine der größten Pornosammlungen Österreichs …

In der „Rosa Lila Villa" im Februar 1984

Zuletzt noch ein Blick auf eine weitere Veränderung der öffentlichen Sicht auf einen bestimmten Bereich der sexuellen Aktivität. Nämlich Homosexualität. Bis Anfang der Siebzigerjahre war Homosexualität in Österreich tatsächlich noch strafrechtlich verboten. Bis in die Achtzigerjahre war die pornografische Darstellung von Homosexualität verboten. Und diesbezüglich waren die österreichischen Beamten gnadenlos. In anderen Ländern wie Deutschland war die Darstellung männlicher Homosexualität zwar ebenfalls untersagt, die der weiblichen Homosexualität dagegen nicht. Bei uns wurde beides rigoros gleich behandelt. Also saßen irgendwo in den Zollbehörden bedauernswerte Beamte, die in jedem importierten Pornomagazin, ja sogar im „Penthouse", alles mit einem Edding übermalten, was auch nur ansatzweise nach einer intimen lesbischen Berührung aussah. Wobei manche Beamte gnadenhalber nicht so genau malten. Später wurden die Stellen nur noch überklebt, mit Stickern, die sich mit etwas Vorsicht auch ablösen ließen.

Wenn man in den Siebzigerjahren aufwuchs, kannte man „Schwule" oder „Warme" eigentlich nur aus einschlägigen und fast immer abwertenden Witzen. Es gab nur sehr wenige Persönlichkeiten

Die „SchwulComic" von Ralf König boten vor allem Heteros so manchen „Aha"-Moment.

des öffentlichen Lebens, bei denen man wusste – oder zumindest ahnte –, dass sie dem eigenen Geschlecht zugetan waren. Diese Verachtung, dieses Belächeln, dieses Nicht-Akzeptieren als gleichwertige Menschen änderte sich nur sehr langsam. Hier aber nicht zuletzt durch Filme, und ausgerechnet durch Filmkomödien. Vordergründige Klamaukfilme wie „Ein Käfig voller Narren" zeigten dabei nebenbei ganz normale Menschen, die eben sexuell Partnern des eigenen Geschlechts zugetan waren und eine ganz normale Beziehung führten. Ähnlich der Film „Partners" in dem ein Machopolizist (Ryan O'Neal) Respekt für seinen homosexuellen Partner (John Hurt) lernt. Der deutsche Titel lautete übrigens – wie immer extrem subtil – „Zwei irre Typen auf heißer Spur". Auch die sogenannten „SchwulComix" von Ralf König brachten hier viel Aufmerksamkeit, Aufklärung und Akzeptanz.

Weiters wurden in Wien Schwulenlokale, die das schon immer gewesen waren, langsam auch als solche ersichtlich. Die erste Schwulendisco („Why Not") eröffnete. Die HOSI (Homosexuelle Initiative) entstand, die „Rosa Lila Villa" wurde zur offiziellen und weithin deutlich sichtbaren Anlaufstelle für Menschen, die so etwas zuvor nicht hatten.

Eine weitere Veränderung der öffentlichen Sichtweise der Homosexualität und Sexualität allgemein brachte die Aidswelle. Zwar wurde die am Anfang als sogenannte „Schwulenpest" angesehen, aber einerseits breitete sich das Virus bald in der ganzen Bevölkerung aus, und andererseits brachten Berichte über sterbende Aidsopfer vor allem eines zutage: Homosexuelle waren ganz einfach Menschen wie jeder (heterosexuelle) andere. So mancher wurde damals quasi durch seinen Tod geoutet, etwa der US-Frauenschwarm Rock Hudson oder der Sänger Freddie Mercury. Andere beschlossen, sich selbst zu ihrer Neigung zu bekennen, wie der bekannte Fernsehmoderator Günter Tolar, nachdem sich 1991 sein Lebensgefährte aus Angst vor Aids das Leben genommen hatte.

Das Coming-Out lesbischer Frauen war noch eine Stufe seltener. Eine große Sensation waren daher die Bekenntnisse der Tennisspielerin Martina Navratilova und Ende der Achtzigerjahre Hella von Sinnens, die noch dazu mit der Tochter eines ehemaligen deutschen Bundespräsidenten liiert war.

In weiterer Folge entstand der LiveBall und später die Regenbogenparade. Die Akzeptanz anderer geschlechtlicher Präferenzen hat seit damals stetig weiter zugenommen. Dennoch ist dieser damals begonnene Prozess noch lange nicht abgeschlossen.

Das Outing der Ulknudel Hella von Sinnen war eine Sensation.

„Man sieht und kennt und sagt sich, was diese Nacht zu sagen hat / Junge Römer tanzen anders als die anderen!" Das war die Botschaft von Falco. Und wir tanzten begeistert mit … Mai 1985, ich war jung, verliebt und mittendrin! Gestylt, mit schicker Kurzhaarfrisur und einer Jeansjacke mit den unvermeidlichen Schulterpölstern, die Muratti lässig in den Mundwinkeln stand ich eng an meinen zukünftigen Freund und späteren Ehemann geschmiegt. Berauscht von Musik und Glück habe ich die Stimmung dieses lauen Maiabends in vollen Zügen eingesogen. Mehr als 50 000 Menschen waren gekommen, um das unvergessliche Falco-Konzert am Wiener Rathausplatz mitzuerleben. Falco war Kult und war Zeitgefühl. Falco war New-Wave, Falco war Aufbruch, Falco war ganz Wien, Falco war Schmäh. Und Falco war cool wie wir!

Falco, Waldheim, Cassius Clay

Stars und Prominenz

Nicht nur in den Siebzigerjahren, sondern auch noch in den Achtzigern war die Welt eigentlich recht klein. Das lag in erster Linie an den medialen Möglichkeiten. Alles über alles und jeden von überall zu erfahren mit nur ein paar Mausklicks oder Tastaturtippser war pure Science-Fiction. Wollte man damals eine Tierdokumentation sehen, musste man darauf warten, bis eine ins Kino kam (selten) oder vielleicht einmal eine in einem der (zwei) Fernsehsender lief. Wollte man etwas über die aktuelle Lage in einem bestimmten fernen Land erfahren, musste man sich durch dicke Zeitungen oder Zeitschriften wühlen, um dann meist nur einen kleinen Bericht zu finden – wenn überhaupt. Und so weiter.

Ebenso wurde Prominenz stark gefiltert und ging vor allem durch einen Flaschenhals. Und dieser Flaschenhals hieß öffentlich-rechtliches Fernsehen. Um das näher zu erklären beziehungsweise ins Verhältnis zu setzten: Hätte damals ein Jugendlicher, sagen wir in Korea, irgendetwas besonders Amüsantes oder Aufsehenerregendes getan, hätten davon vielleicht seine Freunde erfahren, vielleicht hätte er die lokalen Nachrichten erreicht, vielleicht sogar die landesweiten. Darüber hinaus niemanden. Heute könnte er via TikTok, Facebook oder YouTube innerhalb von Stunden Millionen Menschen rund um die Welt erreichen und – gegebenenfalls, sollte er wirklich ein außergewöhnliches Talent für irgendetwas besitzen – zum Weltstar werden. In den Siebziger- und weitestgehend auch Achtzigerjahren war man erst dann ein Star, wenn man im Fernsehen vorkam. Und das hieß in Österreich und besonders in Wien über lange Zeit: im ORF. Ja, es gab auch viele Klatschzeitungen, die mit Vorliebe über Filmstars und Adelige berichteten, und es gab Stars auf dem einen oder anderen musikalischen Gebiet, die im ORF-Fernsehen nicht vorkamen, aber generell war man nur bekannt, wenn man fernsehbekannt war.

Tatsächlich handelte es sich um einen fast in sich geschlossenen Kreislauf. War man ein bekannter Schauspieler, war man auch im Fernsehen, entweder als Schauspieler, als Sänger, als Gast in einer Fernsehshow oder manchmal auch als Moderator. Oder es wurde über einen berichtet. Oder alles zugleich. Dadurch stieg die Popularität, und man wurde ein noch wichtigerer Star und war damit alsbald wieder im Fernsehen zu sehen …

So erklären sich auch zwei Dinge, die damals von heute unterscheiden: Erstens, war man ein Star, blieb man es meistens lange, Eintagsfliegen gab es eher selten. Und lang bedeutete unter anderem, dass Stars der Fünfziger- und Sechzigerjahre auch in den Siebzigern und Achtzigern oft ebenfalls noch Stars waren. Zweitens es gab wesentlich mehr lokale Stars als heute, soll heißen, berühmte und bekannte Österreicher sowie berühmte und bekannte Deutsche (und wenige Schweizer). Wobei Stars vulgo Prominente im Wesentlichen Filmschauspieler, Musiker, selten andere Künstler und Politiker waren. Heute gibt es weitaus weniger österreichische Persönlichkeiten, auch in hohen Positionen oder als Kulturschaffende, die wirklich jedem bekannt sind. Viele Menschen könnten heute keinen einzigen Minister oder Landeshauptmann nennen, andere haben dafür vielleicht noch nie von RAF Camora gehört, obwohl er der derzeit erfolgreichste österreichische Musiker überhaupt ist.

Vicky Leandros im Duett mit ihrem Landsmann Costa Cordalis, 1977

Durch diesen Mechanismus konnte man damals den meisten Dingen, die es durch alle Filter ins Fernsehen (und sekundär andere Medien) geschafft hatten oder denen die Redakteure eine öffentliche Bedeutung zumaßen, nicht entgehen. So waren etwa die Salzburger Festspiele früher im Sommer medial so omnipräsent, dass jeder und jede wusste, wer in diesem Jahr gerade den Jedermann und die Buhlschaft geben würde, ob man wollte oder nicht. Heute kann man es, mit ein wenig Geschick und der richtigen Blase in den sozialen Medien, vermeiden mitzubekommen, dass die Salzburger Festspiele überhaupt stattfinden.

So, nach dieser Präambel nun ein Streifzug durch die Prominenz der damaligen Zeit – mit einer No-na-Einschränkung vorweg: Ich werde hier bei Weitem nicht alle wichtigen Personen nennen können. Denn alle Prominenten aus allen Sparten

Andy Borg in der ZDF-Hitparade, 1982

in zwei Jahrzehnten, da würde allein die Namensnennung das Kapitel füllen. Nein, es geht hier wieder darum, besonders Typisches der Zeit, in diesem Fall typische Persönlichkeiten, hervorzuheben.

Beginnen wir mit der Musik. Hier fanden sich vor allem in den Siebzigerjahren viele noch immer hochangesehene und vor allem oft im Radio gespielte Sänger und Sängerinnen der Fünfziger- und Sechzigerjahre, egal, von welchem Genre wir sprechen.

Besonders hartnäckig hielten sich Schlagerstars. Das Lustige am deutschen Schlager der damaligen Zeit war, dass er vollkommen von Nicht-Deutschen dominiert wurde. Ich habe das zwar nie statistisch untersucht, aber tatsächlich stammten gefühlt die meisten Sänger und Sängerinnen in der deutschen Schlagerwelt aus aller Herren Länder und waren mit allen möglichen Akzenten gesegnet: Mireille Mathieu war aus Frankreich, Nana Mouskuri, Vicky Leandros und Costa Cordalis aus Griechenland, Connie Francis, Bill Ramsey und Gus Backus aus den USA, Vico Torriani aus der Schweiz, Caterina Valente aus Italien, Wenckhe Myhre aus Dänemark, Heintje, Vader Abraham und Rudi Carell (der auch ein paar Lieder sang) aus Holland, Karel Gott aus der Tschechoslowakei, Roberto Blanco aus Tunesien und Howard Carpendale aus Südafrika. Peter Alexander, Udo Jürgens, Waterloo & Robinson, die Bambis und später Andy Borg waren ebenso Österreicher wie der scheinbar echte Hamburger Freddy Quinn und die ebenfalls nur wolfgangseefeste Lolita, ja, sogar Peter Kraus – auch wenn das in den letzten drei (bis vier) Fällen viele Deutsche nicht wussten. Natürlich gab es auch echte deutsche Schlagerstars, allen voran Heino, dann Roy Black, Tony Holiday und Rex Gildo (die sich dafür gerne englisch oder international klingende Namen gaben) oder Conny Froboess, Reinhard Mey oder Jürgen Drews, aber sie waren, auf jeden Fall in den österreichischen Sendern, deutlich in der Minderheit. Meine nicht durch Fakten und Forschung belegte Theorie dazu ist, dass alles, was mit Deutschland und Deutschtum zu tun hatte, in der unmittelbaren Nachkriegszeit und noch deutlich danach, teilweise bis heute, in Deutschland nachhaltig verbrannt war und einen schlechten Beigeschmack hatte. Da kamen unbelastete Ausländer, und ja, damals galten auch Österreicher noch als unbelastet, gerade recht. Wobei ich übrigens

Lieder wie „Fiesta Mexicana“ machten Rex Gildo zu einem der erfolgreichsten deutschen Schlagerstars.

nicht alle oben Genannten in einen Topf werfen würde, gerade Udo Jürgens und Reinhard May kann man eher in den Bereich Chanson einreihen, mit internationaler Reputation.

Und auch Peter Alexander war mehr als ein Schlagersänger. Unter anderem spielte er Theater, sang in Musicals oder auch gerne Wiener- und Heurigenlieder. Für Letztere waren auch andere Schauspieler wie Paul Hörbiger oder Hans Moser bekannt. Hans Moser starb übrigens schon 1964, war aber zumindest in den Siebzigerjahren im Radio und auch Fernsehen – Stichwort: alte Filme am Sonntagnachmittag – überaus lebendig.

Womit wir bei den bekannten Schauspielern angelangt sind – von Brando bis Brandauer. Besonders bekannte österreichische Schauspieler und Schauspielerinnen der Siebziger- und Achtzigerjahre umfassen unter anderem: eben Klaus Maria Brandauer, Helmut Berger, Romy Schneider, Maximilian Schell, Senta Berger, Josef Meinrad, Waltraud Haas, Hilli Reschl, Christoph Waltz, Erika Pluhar, Dany Sigel, Heinz Zuber, Topsy Küppers, Herbert Fux, Maria Bill, bereits die junge Julia Stemberger, Helmut Qualtinger, der zu der Zeit immer weniger Kabarett spielte, Otto Schenk und viele weitere Komiker und Komikerinnen wie Max(i) Böhm, Alfred Böhm, Elfriede Ott, Ossy Kolmann, Kurt Sobotka, Dolores Schmidinger, Herbert Prikopa, Fritz Muliar, Erwin Steinhauer, Lukas Resitarits, Andras Vitasek, Götz Kaufmann und noch viele, viele andere.

An dieser Stelle deutsche oder internationale Schauspieler zu erwähnen, ist nur mäßig sinnvoll. Denn die meisten, die damals Stars waren, sagen wir Curd Jürgens, Clint Eastwood, Marlon Brando, Liz Taylor, Richard Dreyfuss, Ann Margret, Oliver Reed, Maggie Smith, Sigourney Weaver, John Travolta oder das Enfant terrible Klaus Kinski, sind es heute noch, zumindest für Leute, die sich dafür interessieren. Ein paar ganz bestimmter Genres möchte ich aber noch hervorheben, einfach weil sie so typisch für gerade diese Zeit sind: nämlich Filmkomödien mit Pierre Richard, Louis de Funès (Frankreich), Marty Feldman, Alec Guiness (GB), Richard Pryor, Gene Wilder, David Niven, Peter Sellers, Peter Falk, John Candy, Mel Brooks, John Belushi, Bill Murray, Rick Moranis, Steve Martin, Goldie Hawn, Kurt Russell, Danny DeVito (USA/Kanada) oder Bud Spencer, Terence Hill, Adriano Celentano und Ornella Muti (Italien). Dann asiatischer Kampfsport mit zuerst noch Bruce Lee und dann Jackie Chan. Und so gut wie keine (ernstzunehmenden) Superhelden-Filme, abgesehen von „Superman" (I und II, danach nicht ernst zu nehmen) mit Christopher Reeve und „Batman" (I und II) von Tim Burton (danach ebenfalls nicht ernst zu nehmen).

Sportler, Filmstar, Politiker und noch dazu Ex-Österreicher zugleich war und ist der hierzulande sicher auch wegen seines hefti-

Elfriede Ott, um 1983

Kinderstar Tatum O'Neal, 1973

gen Akzents nach wie vor unterschätzte Arnold Schwarzenegger. James Bond war einmal noch Sean Connery, dann siebenmal Roger Moore, gefolgt von Timothy Dalton. Sonst waren Charles Bronson und Clint Eastwood für Thriller zuständig. Anmerkung: Wer mit Roger Moore als James Bond aufgewachsen ist, hat zeitlebens einen anderen Blick auf den Charakter als die Generationen davor und danach. Der bekannteste Indianer der damaligen Zeit war der Franzose Pierre Brice. Und die bekannteste Indianerin Uschi Glas. Besonders bekannte Kinderstars der Zeit waren post-Heintje vor allem Brooke Shields, Jodie Foster und Tatum O'Neal (in die ich seit damals bis heute ein wenig verknallt bin; Mädels standen mehr auf den nicht mehr ganz Kinderstar David Cassidy) und Neil Patrick Harris („Doogie Howser").

Viele weitere wichtige Schauspieler, die aber vor allem durch Fernsehen und Fernsehserien bekannt waren, habe ich bereits im entsprechenden Kapitel erwähnt.

Und wenn wir schon bei Film-Komödien waren, gehen wir gleich weiter zu Kabarettisten und Komikern. Auch hier gab es einen deutlichen Überhang aus den Jahrzehnten davor, teilweise finden sie sich auch in der Liste der Schauspieler. Am prominentesten waren, zumindest in den Siebzigern, auf jeden Fall immer noch Karl Farkas, Gerhard Bronner, Peter Wehle, Helmut Qualtinger, Louise Martini, Otto Schenk, Werner Schneyder oder auch die Drei Spitzbuben sowie „Der kleine Fredy" …, die jedoch langsam aber sicher durch neue Gesichter ergänzt und teilweise abgelöst wurden. Wie Alfred Dorfer, Reinhard Düringer, Andrea Händler und Reinhard Nowak (gemeinsam „Schlabarett"), Mini Bydlinski, Wolfgang „Fifi" Pissecker, Florian Scheuba und Werner Sobotka (gemeinsam „Die Hektiker"), Andreas Vitásek, Leo Lukas, Thomas Maurer, Mike Supancic, Irene S., Michael Niavarani …

Comedystars aus dem Ausland waren bei uns (auch weil damals noch nicht jeder so gut Englisch verstand) weniger bekannt, das sollte sich erst mit dem Kabelfernsehen und den deutschen Privatkanälen ändern. Herausragende Ausnahmen waren dabei natürlich Otto Waalkes, Mike Krüger (beide drehten auch Filme), Fredl Fesl und Emil (Steinberger), einer der wenigen Schweizer, nicht nur im Humorbereich, der es im ganzen deutschsprachigen Raum zu großer Bekanntheit brachte.

Apropos Schweizer: Zu den bekanntesten Autoren im DACH-Raum gehörten Friedrich Dürrenmatt (Schweiz), Johannes Mario Simmel (Österreich) und Heinz G. Konsalik (Deutschland) – in der Reihenfolge ihrer literarischen Bedeutung.

Den heimischen Sportbereich können wir an dieser Stelle getrost auslassen, da die Austro-Stars der damaligen Zeit bereits größtenteils im entsprechenden Kapitel gewürdigt wurden. Freilich gab es überdies jede Menge Sportler mit internationaler Bedeutung, die bei uns Starruhm erlangten, vor allem Fußballstars aus Deutschland, Italien, England oder Brasilien, die man brav als Abziehbild bei jeder WM in sein Panini-Album klebte. Dazu internationale Skiläufer, die unseren heimischen Topstars Konkurrenz machten, wie Ingemar Stenmark oder Rosi Mittermaier. Bekannte Formel-1-Piloten, wie Jackie Stewart, Emerson Fittipaldi, James Hunt, Mario Andretti, Keke Rosberg, Nelson Piquet, Alain Prost oder Ayrton Senna. Im Bereich Tennis muss man natürlich noch Björn Borg, John McEnroe, Stefan Erdberg, Ivan Lendl und Boris Becker erwähnen sowie bei den Damen Billie Jean King, Chris Evert, Martina Navratilova und Steffi Graf. Womit wir eigentlich mit allen damals relevanten Sportarten durch wären. Mit einer Ausnahme: Boxen.

Abgesehen von der Formel 1, Golf und Tennis war tatsächlich nur Boxen eine wirklich internationale Angelegenheit

Der Schriftsteller Johannes Mario Simmel zwischen Stapeln seiner Bücher, 1974

Boxstar Muhammad Ali bei einer Pressekonferenz, 1974

in dem Sinne, dass sie auch die damals mit Football und Baseball sportlich noch eher hermetisch abgeschlossene USA mit einbezogen. Besonders die regierenden Boxweltmeister im Schwergewicht waren Weltstars erster Güte. Und abgesehen von Joe Frazier und George Foreman bleibt natürlich ein Name unvergesslich: Muhammad Ali, der sowohl von 1974 bis 1978, als auch davor schon von 1964 bis 1970 als Cassius Clay zusammengenommen unfassbare zehn Jahre seines Lebens Schwergewichtsweltmeister war. Die meisten Namen danach sind, vielleicht mit Ausnahme von Mike Tyson, verblasst und sicher nicht allgegenwärtig. Die flotten Sprüche von Muhammad Ali, seine internationalen Auftritte, sein freches Wesen und nicht zuletzt sein medienwirksamer Übertritt zum Islam machten ihn zu dem Sportstar der Zeit schlechthin. Alis Kämpfe wurden live übertragen, selbst wenn das bedeutete, dass der ORF zu ungewohnten nächtlichen Zeiten senden musste und Zuschauer zu ungewohnten nächtlichen Zeiten zusahen. Wenn man *die* Sportlegende der damaligen Zeit krönen möchte, es wäre wohl kein anderer als er. Nicht zuletzt nannte Ali sich bereits damals selbst mit gesundem Selbstbewusstsein „der Größte".

Und weil wir gerade bei den Größten sind, jetzt ein Blick auf die Popmusik. Neben Filmstars waren Sänger und Sängerinnen der Genres Pop und Rock im weitesten Sinne seit den Fünfzigerjahren die größten Stars überhaupt. Kaufte man sich „BRAVO" nicht zur Aufklärung, dann wegen der Poster oder der lebensgroßen Starschnitte der Musiker darin. In Österreich erwarb man zusätzlich oder stattdessen „HIT" (zwar auch mit Postern, aber vor allem wegen der knapp an der Pornografie vorbeischrammenden Aufklärungsseiten) und den „RennbahnExpress" (völlig ohne Aufklärung, dafür mit besonders vielen Postern und Autogrammkarten mit teilweise gefälschten Unterschriften – die von Tom Selleck habe ich eigenhändig für das Magazin nachgemacht, aber das ist eine andere Geschichte). Jedenfalls: Gerade im Pop-Bereich wäre eine auch nur annähernd repräsentative Aufzählung kapitelsprengend und ein Ding der Unmöglichkeit. Dennoch – abgesehen von den in vorigen Kapiteln bereits erwähnten Persönlichkeiten – hier der Versuch, einen Blick auf die bekanntesten oder zumin-

Foreigner-Sänger Lou Gramm liest 1982 in einem „BRAVO"-Heft.

dest bemerkenswertesten musikalischen Künstler der Zeit zu werfen.

In den Siebzigerjahren gab es die Beatles nicht mehr, aber sie fanden ihren Nachhall, unter anderen in Soloprojekten der Ex-Mitglieder (McCartney mit den Wings, Lennon Solo, McCartney im Duo mit Michael Jackson). Die Rolling Stones gab es noch immer, auch noch The Doors, dazu Queen, The Who, David Bowie … Franz Zappa war ein Geheimtipp und im Radio oft verboten. Elvis Presley war bis zu seinem Tod 1977 aktiv und auch danach noch viel im Radio zu hören. Elvis Costello wurde zwar kein Nachfolger, aber immerhin ein zweiter Star mit demselben Vornamen, Marianne Faithfull schaffte den Aufstieg vom Groupie zur Sängerin, Elton John, Frankie Goes to Hollywood, Eric Clapton, Tina Turner, Toto, Wham! … Dann die Country-Ecke mit Dolly Parton und Jonny Cash, der Lounge-Bereich mit Dean Martin, Frank Sinatra, Sammy Davis Junior, Barbra Streisand, Tom Jones, Marvin Gaye, Olivia Newton-John und natürlich ABBA … Der Italo-Pop von Eros Ramazzotti, Al Bano & Romina Power, Toto Cutugno, Gianna Nannini, Alice, Bino („Mama Leone"), Nino de Angelo, Oliver Onions („Santa Maria"), Ricchi e Poveri, Angelo Branduardi … Okay ich gebe auf. Disco, NDW und Austropop wurden ja bereits zuvor gewordrappt oder zumindest namegecheckt, wenn auch nicht ausführlich, ich weiß.

Rock-Röhre Gianna Nannini mit Udo Lindenberg, 1983

Na gut, vielleicht noch ein paar Einzelnamen, die mir aus dem einen oder anderen Grund aus der damaligen Zeit in Erinnerung geblieben sind: Ganymed, die Rüsselmops-Band mit internationalen Discoerfolgen, The Teens, eine deutsche Teenager-Band, der von ihren weiblichen Fans statt den sonst bei Rockkonzerten üblichen BHs Teddybären auf die Bühne geworfen wurden, ebenso andere singen-

Von Amanda Lear hieß es, sie sei ein umoperierter Mann.

Eulen nach Athen oder, pardon, Koks in die Dominikanische Republik zu tragen. Es sei nur erwähnt, dass er in mehreren Varianten der Planung des Buchtitels dieses Buches vorgekommen ist. Derart exemplarisch steht er für diese Zeit.

Vielleicht noch ein kleines P.S. zu anderen Musikgenres. Sänger und Musiker der Klassik, des Jazz und auch der Volksmusik lasse ich an dieser Stelle aus. In erster Linie deswegen, weil diese Musikrichtungen von der Zeitenwende rund um 1980

Ein weltweites Phänomen der 70er und 80er und bis heute Superstars: ABBA

de Kinder wie Musical Youth („Pass the Dutchie“) und die ersten Gehschritte der Kelly Family sowie Amanda Lear, weil man raunte, sie sei in Wirklichkeit ein umoperierter Mann. Gerüchte, die bis heute nicht ganz verstummt sind.

Noch einmal explizit erwähnt sei Hans Hölzel alias Falco, der einzige (trotz einiger anderer Erfolge österreichischer Musiker weltweit) veritable Pop-Superstar, den Österreich je hervorgebracht hat.

Viel über ihn zu erzählen hieße

wenig betroffen waren und eher eine Kontinuität darstellen beziehungsweise eigene Evolutionslinien ausbildeten, die sich nur wenig an den anderen Entwicklungen dieser Jahrzehnte orientieren. Aus Gründen der Originalität sei hier nur der Classic-Pop-Cross-Over-Hit „Hooked on Classics" von 1981 erwähnt und Richard Clayderman, der es mit einem seichten pseudoklassischen Klavierstück „Ballade pour Adeline" in die Hitparade und in Form von Klaviernoten in fast jedes heimische Wohnzimmer schaffte.

Eine gewisse Neuerung gab es im Bereich der Musicals. Zwar wurden Musicals auch damals schon rund um die Welt gespielt, wenn sie erfolgreich waren, sagen wir, „Der Mann von La Mancha" (in Wien mit Josef Meinrad und Fritz Muliar zu sehen), „Hair" oder „Jesus Christ Superstar" (in Wien mit Reinhard Fendrich als Judas). Aber die Achtzigerjahre brachten die Pop-Musical-Franchises, die international von Bühnenbild über Kostümen bis zur Choreografie genormt gleich aufgeführt wurden. Allen voran „Cats", dessen deutsche Erstaufführung in Wien en suite sieben Jahre lang lief, andere Stücke von Andrew Lloyd Webber, dann „Les Misérables" und so weiter.

„Cats" lief in Wien ohne Unterbrechung von 1983 bis 1990.

Einige erinnerungswürdige Preisträger des Songcontest dieses Zeitraums waren übrigens Vicky Leandros, ABBA, Teach-In („Ding-a-Dong"), Brotherhood of Man („Save Your Kisses for Me"), The Alpha-Beta („A-ba-ni-bi"), Milk and Honey („Hallelujah"), Johnny Logan, Bucks Fizz, Nicole, Herrey's („Diggi-loo, diggi-ley") und Bobbysocks („La det swinge").

Weil es sonst auch nirgendwo hinpasst, hier noch eine Erwähnung eines der wenigen Prominenten der Zeit, die einfach prominent um ihrer Prominenz wegen waren.

Don Jaime de Mora y Aragón, kurz Don Jaime, lang Jaime de Mora y Aragón Carrillo de Albornoz Fernández del Olmo y Casa Riera y Barrueta de Aldemar, Angehöriger des spanischen Adels und Bruder der belgischen Königin Fabiola, war vor allem als Partykönig bekannt. Obwohl er davor durchaus auch schon

Der exzentrische spanische Adelige Don Jaime mit Showmaster Rudi Carrell

verschiedene mehr oder weniger ehrenwerte Berufe wie Barpianist, Taxifahrer, Stierkämpfer, Show-Conférencier und Pharmavertreter ausgeübt hatte. Seine außergewöhnliche Erscheinung mit stets gezwirbeltem Bart, Monokel und Dutzenden Ringen und Ketten brachte ihn vor allem in der ersten Hälfte der Siebzigerjahre zu einiger Bekanntheit, und in Deutschland wurde er von Fernsehshow zur Fernsehshow gereicht. Darauf folgte sogar noch eine kurze Filmkarriere, aber im Prinzip war und blieb er hauptsächlich durch seine plakativ zur Schau getragene Persönlichkeit bekannt. Damals eine Seltenheit, heute in Zeiten von It-Girls, Instagram- und TikTok-Influencern geradezu inflationär.

Uri Geller war zwar auch irgendwie eher prominent um seiner Prominenz willen, aber immerhin verbog er die eine oder andere Gabel durch seine Geisteskraft oder brachte per Fernsehen alte Uhren in Haushalten zum Ticken. Auch bei uns zu Haus.

Harter Schnitt zur Politik. Hier war Prominenz wieder sehr stark mit der räumlichen Distanz verbunden. Damals kannte man als Wiener neben dem Bundeskanzler (Bruno Kreisky, Fred Sinowatz, Franz Vranitzky), dem Bundespräsidenten (Franz Jonas, Rudolf Kirchschläger, Kurt Waldheim) und dem Wiener Bürgermeister (Felix Slavik, Leopold Gratz, Helmut Zilk) tatsächlich auch noch die meisten Landeshauptleute sowie relativ viele Minister – wie Hannes Androsch, Christian Broda, Josef Staribacher, Hertha Firnberg, Ingrid Leodolter, Erwin Lanc oder Johanna Dohnal. Was aber nicht nur an dem erwähnten Flaschenhals lag, sondern auch daran, dass sie meist eine deutlich längere Verweildauer beziehungsweise Halbwertszeit aufwiesen als heutige Minister und Ministerinnen. Darüber hinaus kannte man den Namen des jeweiligen deutschen Bundeskanzlers (Willy Brandt, Helmut Schmidt, Helmut Kohl), bei den Namen der deutschen Bundespräsidenten war es dann jedoch schon vorbei. Ausländische Lokalpolitiker kannte man nur, wenn sie aus dem einen oder anderen Grund besonders auffällig waren, sagen wir einmal Franz Josef Strauß. Bei französischen (Jacques Chirac, François Mitterrand) und englischen Politikern (Margaret Thatcher) endete dann die außenpolitische Wahrnehmung bereits meist.

Johanna Dohnal war Österreichs bekannteste Frauenpolitikerin.

Abgesehen von den Führern der beiden großen Nationen, die sich als Ostblock und, nun, Westblock gegenüberstanden. Soll heißen, die US-Präsidenten (Richard Nixon, Gerald Ford, „der Erdnussbauer" Jimmy Carter, Ronald Reagan) und die Parteiführer der UdSSR (Leonid „Augenbraue" Breschnew, Juri Andropow, Konstantin Tschernenko, Michail Gorbatschow). Ansonsten gähnende Leere, außer jemand war aufgrund des einen oder anderen Umstandes bemerkenswert, wie die Langzeitdiktatoren Franco (Spanien) und Tito (Jugoslawien) oder Politiker des Nahen Ostens wie in Israel oder Ägypten. Oder so seltsame Gestalten wie Muammar al-Gaddafi und der (angeblich Menschenfleisch verzehrende) Diktator Ugandas, Idi Amin …

Gekrönte Häupter spielten bei uns außerhalb der Klatschspalten keine große Rolle. Allerdings wurde durchaus die eine oder andere Hochzeit (Prinzessin Diana!) oder das eine oder andere Jubiläum von Königin Elisabeth II. live im ORF übertragen. Was heute nur noch in seltenen Fällen wie jüngst nach dem Ableben der Queen vorkommt. Erinnerungswürdig in diesem Zusammenhang auch die eigentlich für die Republik Österreich vollkommen ungewöhnliche, wenn nicht sogar hart an den legalen Grenzen des Adelsgesetzes vorbeischrammende Fernsehübertragung des Trauerkondukts der letzten Kaisergattin Zita 1989.

Gottfried von Einem und Lotte Ingrisch, um 1980

Womit wir beim letzten Punkt angelangt sind. Personen, die aus anderen Gründen in Österreich Schlagzeilen gemacht haben, wie zum Beispiel durch Verbrechen und/oder Skandale.

Skandale fanden in Österreich früher vor allem am Theater statt. Wie die Aufführung mehrerer angeblich nestbeschmutzerischen Theaterstücke von Thomas Bernhard durch Claus Peymann am Wiener Burgtheater. Davor erregte bereits die Mysterien-Oper „Jesu Hochzeit" von Gottfried von Einem und seiner Frau Lotte Ingrisch die – vor allem katholischen – Gemüter, allein durch den Titel und ohne eine inhaltliche Auseinandersetzung mit dem durchaus religiösen Stück. Lotte Ingrisch selbst war außerdem nicht nur durch ihre Bücher bekannt, sondern auch durch ihre angeblich guten Kontakte zur Feenwelt sowie ein Buch, das ihr der zu dieser Zeit bereits verstorbene gute Freund Jörg Mauthe angeblich per Channeling diktiert hatte – worauf sein Sohn Tantiemen einklagte.

Weitere Skandale im Bereich der Kunst bot immer wieder Hermann Nitsch, auch die Übermalungen von Arnulf Rainer erregten zumindest Aufsehen. Da von der Polizei nicht als Kunst, sondern Sachbeschädigung gewertet, musste der sogenannte Zettelpoet Helmut Seethaler immer wieder dafür Strafe zahlen, dass er seine „Gedichte zum Pflücken" an öffentlichen Stellen mit Klebestreifen befestigte. Bis ihn der oberste Gerichtshof schließlich doch zum Künstler beförderte.

Nina Hagens spektakulärer Auftritt beim „Club 2"

Der größte Fernsehskandal der damaligen Zeit und bis heute ein Hit im Internet war natürlich der Auftritt mit angedeuteter Masturbation von Punk-Skandalnudel Nina Hagen beim „Club 2". Übrigens eine ebenfalls legendäre Sendung des ORF, wobei im Kern eigentlich nur ein gemütliches Live-Talkformat auf Ledercouchen zu spätnächtlicher Stunde mit vollen Aschenbechern und open end, soll heißen, ohne fix festgelegtes Ende. Sagte der jeweilige Moderator wie Josef Broukal, Axel Corti, Klaus Emmerich, Adolf Holl, Peter Huemer, Kuno Knöbl, Franz Kreuzer, Paul Lendvai, Ernst Wolfram Marboe, Louise Martini, Freda Meissner-Blau, Rudolf Nagiller, Günther Nenning, Anton Pelinka, Barbara Rett, Peter Rabl oder Dieter Seefranz nach der einen oder anderen Stunde, jetzt sei Schluss, dann war Schluss. Der Skandal bestand übrigens darin, dass Dieter Seefranz einmal nicht Schluss sagte, nämlich als Nina Hagen begann, live in ihrem Schritt, allerdings über der Hose, zu demonstrieren, wie Frauen sich am besten selbst befriedigen sollten. Damals brachte das dem Moderator eine Rüge ein, heute findet sich diese ganze Club2-Sendung permanent online in der TVThek des ORF.

Ich habe übrigens den Namen der oben genannten Moderatoren, die meisten von ihnen Journalisten oder Publizisten, ganz bewusst aufgezählt. Denn die eingangs erwähnte Tatsache, dass jemand prominent war, weil er im Fernsehen war, galt auch für Mitarbeiter des ORF. Wenn jemand als Fernsehsprecher, Nachrichtensprecher, (Sport-) Reporter, Kommentator oder Moderator auf dem Bildschirm zu sehen war, war er automatisch ebenfalls prominent! Das reichte von der Fernsehsprecherin Chris Lohner über den ZiB2-Moderator Robert Hochner und Auslandskorrespondenten wie Alfons Dalma, Klaus Emmerich und Susanne Scholl bis zur ORF-Journalistenlegende schlechthin: Hugo Portisch, der außerdem dem gesamten Land durch seine Dokumentations-Filmreihen „Österreich II" und später „Österreich I" bitter nötigen Geschichtsunterricht erteilte. Und auch hier brachten die späteren Achtzigerjahre und dann vor allem die Neunziger eine Zeitenwende – denn mit der Zeit wurden auch Sprecher von Privatradios und Moderatoren deutscher Sender bei uns prominent, während im gleichen Maße die allumfassende Prominenz von ORF-Mitarbeitern langsam, aber stetig abnahm. In etwas geringerem Maße galt das mit der Prominenz auch für Radiomoderatoren wie Brigitte Xander, Willy Kralik, Elisabeth Vitouch, Walter Niesner, Herbert Suchanek, Kurt Votava, Udo Huber, Rudi Klausnitzer, Dieter Dorner, Hans Leitinger, Gotthard Rieger, Karl Kaltenegger oder Nora Frey.

Harter Schnitt. Aufsehenerregende Kriminalakte umfassten: den Ausbruch von drei Häftlingen aus der Justizanstalt Stein 1971, der in eine Geiselnahme mündete, die der damalige Polizeipräsident Josef Holaubek mit den legendären Worten „I

Die Journalistenlegende Hugo Portisch gab mit seinen Dokumentarfilm-Serien „Österreich I" und „Österreich II" dem ganzen Land Geschichtsunterricht.

Polizeipräsident Josef Holaubek gelang es, die Geiselnahme des Gefängnisausbrechers zu beenden.

bin's, dei Präsident" schließlich beendete. Den OPEC-Überfall mit anschließender Geiselnahme 1975 durch Ilich Ramírez Sánchez, genannt „Carlos, der Schakal". Den Untergang der „Lucona" 1977, die vermutlich absichtlich zwecks Versicherungsbetrug versenkt wurde, für den der damals aus verschiedenen Gründen ebenfalls als schillernde Persönlichkeit geltende Udo Proksch schließlich ins Gefängnis wanderte. Und schließlich die Terroranschläge auf die Wiener Synagoge 1979 und 1981.

Außerdem waren da noch die „Affäre Lütgendorf" 1977, bei der Verteidigungsminister Karl Lütgendorf illegaler Waffengeschäfte verdächtigt wurde, sowie dessen wahrscheinlicher Selbstmord 1981. Die Ermordung des Wiener Stadtrats Heinz Nittel 1981 und der aufsehenerregende Dreifachmord durch den 18-jährigen Musterschüler Günter L. 1983. International vergleichbare Fälle lasse ich an dieser Stelle aus, obwohl in diese Zeit unter anderem auch die Terrorwelle der RAF in Deutschland fällt und der Anschlag auf die Olympischen Spiele in München 1972.

Noch einmal etwas ausführlicher muss man natürlich auf die Waldheim-Affäre eingehen. Anfangs war ganz Österreich extrem stolz auf Kurt Waldheim, der schließlich von 1972 bis 1981 das Amt des Generalsekretärs der Vereinten Nationen innehatte. Seine in dieser Funktion gesprochene Grußbotschaft an Aliens auf den goldenen Schallplatten der Raumsonden Voyager 1 und Voyager 2 sind auch heute noch unterwegs in die Unendlichkeit. Aber dann kam seine Bewerbung um das Amt des österreichischen Bundespräsidenten 1985, die intensive Durchleuchtung seiner Vergangenheit, die dabei auftauchenden braunen Flecken, die er mit der Bemerkung abtat, er habe ja nur seine Pflicht getan, sein „Jetzt erst recht!"-Sieg, seine unter anderem von Untersuchungen einer Historikerkommission überschattete Amtszeit und schließlich der Verzicht auf ein neuerliches Antreten. Der Skandal war bei Weitem nicht nur innenpolitisch und führte zu einer Wende in der Sichtweise Österreichs in der Welt, aber auch in der Eigenwahrnehmung, vom reinen Opfer hin zum durchaus auch Mittäter in der Nazizeit. Zeit wurde es.

Kurt Waldheim während der Salzburger Festspiele im Sommer 1986

Im Prinzip habe ich alles, was ich Wichtiges über die nämlichen zwei Jahrzehnte rund um 1980 zu sagen hatte, in den vorangegangenen zwölf Kapiteln bereits gesagt. Wie der eine oder andere geneigte Leser, die eine oder andere geneigte Leserin vielleicht bemerkt hat, ist vieles davon autobiografisch gefärbt, und auch ein nicht unbeträchtlicher Teil der Fotos stammt aus privatem Besitz beziehungsweise bilden privaten Besitz ab. Es ist aber dennoch keine versteckte Autobiografie. Wenn überhaupt, dann eher so etwas Ähnliches wie eine (Auto-)Biografie einer Generation. Denn seit zwei Jahrzehnten, zum einen in der Reflexion über „Wickie, Slime und Paiper" und zum anderen im Rahmen eines Vortrags über die 1980er, den ich seit einigen Jahren am Joanneum in Graz halte, ist mir klar geworden, dass alle Menschen, die die Siebziger- und Achtzigerjahre bewusst erlebt haben, auch einen fundamentalen Wandel (in fast allem) erlebt haben, ein Wandel, der genau in diese Periode fällt. Aber davon handelt dieses Buch ja schon ausführlichst.

Das aus heutiger Sicht alte Wien: Blick über die Stadt mit UNO-City, 1977

Daher nur noch ein paar Kleinigkeiten und Nachgedanken. Zuerst zur Genese dieses Buches. Als Autor wälzt man ja immer irgendwo im Hinterkopf Gedanken über Details, Ideen und Formulierungen aktueller Projekte – aber auch Überlegungen zu neuen. Oder wie es der Theologe und Publizist Adolf Holl einmal so schön formuliert hat: „Ein Schriftsteller schreibt immer." In den letzten Jahren hatte ich also dort drin unter anderem ein paar Ansätze, mich dem Thema Wien von einer anderen als der von mir gewohnten Seite (Kuriositäten) zu nähern. Einer war dabei eine Art Rückblick auf das immer mehr

Chris Lohner war ab 1973 als Sprecherin und Moderatorin fürs ORF-Fernsehen tätig.

aussterbende Alltagswienerisch. Ja, natürlich gibt es die alten Vokabeln noch, und ja, es gibt viele Menschen, die auch noch in ihrem Alltag klassisches Wienerisch sprechen, aber bei den jüngeren Generationen geht das doch immer mehr verloren. Das Buch sollte jedoch kein nostalgischer, wehmütiger oder gar trauriger Rückblick sein, sondern eher ein amüsanter Sprachführer zu einer langsam verschwindenden, cleveren Kommunikationsweise voller Witz und Schmäh. Eine Art „Best-of Wienerisch" sozusagen. Ein verwandter Gedanke verfolgte mich ebenfalls schon eine Weile: Wenn in den 1950er- und 60er-Jahren Peter Alexander oder andere vom „Alten Wien" sangen, dann meinten sie damit Wien um 1900, die Kaiserzeit, die Zeit der Kaffeehausliteraten, kurz gesagt: „Als Behmen noch bei Estreich war". Diese Zeit lag aus deren Perspektive 50–60 Jahre zurück. Okay. Nun, das Wien des Peter Alexander, aber auch des Hans Krankl oder der Chris Lohner liegen aus *unserer* Sicht *genauso* lange zurück. Kurz, für Menschen, die heute leben, ist das Wien um 1980 das *alte Wien*! Vielleicht das „neue alte Wien", aber dennoch ein *altes* Wien. Ein ebenso entferntes wie untergegangenes. All diese Gedanken brodelten eine Weile in einem eher unbewussten Gehirnareal vor sich hin beziehungsweise lagen in einer dunklen, ungeöffneten Schublade, bis mich Dirk Palm, der Verleger von Elsengold, im Zuge eines Gesprächs über das Buch „Die schönsten Wiener Grätzel" fragte, ob ich mir vorstellen könnte, für ihn ein Buch zu schreiben, das Wien in den Achtzigerjahren zum Thema hätte. Vielleicht angelehnt an den Superhit des österreichischen Buchhandels Anfang der 2000er, „Wickie, Slime und Paiper", bei dem ich ja fleißig mitgewirkt hatte, so meinte er.

Ich war interessiert, wies aber sofort darauf hin, dass es unbedingt ein Buch über die Siebziger- *und* Achtzigerjahre sein müsste. Siehe eben. Ein paar Konversationen Wien–Berlin später entstand dann das Konzept für dieses Buch.

In Anlehnung an „Wickie, Slime und Paiper" und dessen Nachfolgebücher „Faserschmeichler, Föhnfrisur und die Ölkrise" (1970er) und „Neon, Pac-Man und die Yuppies" (1980er) wollten wir ebenfalls einen Dreiklang aus Keywords als Titel. Ich spielte ein wenig herum, stellte schließlich meine Ideen in einer Facebook-Gruppe über meine Bücher vor und bat um Abstimmung und mögliche Ergänzungen.

Erinnerungen werden wach: Katalog für Schülersprachreisen Anfang der 80er-Jahre

Am 20. August 1973 wurde der erste U-Bahnwaggon in die Baugrube Friedrichstraße/Kärntnerstraße manövriert.

Mein zuerst präferierter Titel „Dagi, Disco und die Donauinsel" brachte es auf null Votes, ebenso „Bruno, Beisel und Bananenschnitten" sowie der nicht in Alliteration gehaltene Titel „Bermudadreieck, Rimini und Münztelefone". Ein weiterer, „Falco, Mief und U-Bahnbau", brachte es auf zehn Prozent.

Auf meine Bitte hin, doch selbst noch Vorschläge zu bringen, erschufen Andreas Beer „Hawelka, Nackerter und nachts das Testbild", Gini Brenner „Zahlknopf, Zilk und Zickzack", Günther Fuchs „Vierteltelefon, Testbild und Käferautos" und Christoph Puhl „Es wird mit dem Summerton 8 Uhr und null Sekunden", „Mittagspause, langes Wochenende, Viertelanschluss – Vom entspannten Leben in den 80ern", „Schaffner, Schnee und Sendeschluss" sowie „Pac-Man, Patchouli und Palästinensertuch". Später warf ich noch nicht ganz ernst „Falco, Fluor und kein Facebook" in die Runde, was Sabine Schweizer mit „Falco, Fluor und FCKW" konterte, um schließlich mit „UNO, OPEC und EWG" sowie „Bruno, Golda und Jassir" die Diskussion zu beenden. Diese Alternativen brachten es undifferenziert auf 14 Prozent.

Mit 75 Prozent war „Kottan, Kreisky und kein Kabelfernsehen" dann doch der eindeutige Sieger der Umfrage. Vielleicht aufgrund der Vierfach-Alliteration. Ich war jedenfalls nicht unzufrieden, denn ich mag den Titel, auch deswegen, weil er zugleich humorvoll-augenzwinkernd ist und doch die Zeit recht gut und breit repräsentiert.

Wie man auch an den anderen Titelvorschlägen erkennen kann, gibt es eben tatsächlich so etwas wie eine kollektive Erinnerung an diese Zeit. Und obwohl dieses Buch einfach aufgrund der Fülle der Themen zum Teil doch wieder einen Art Sammelsurium-Charakter besitzt und in manchen Bereichen, insbesondere was Medien und Musik betrifft, stellenweise fast schon zu einem Word-Rap gerät, denke ich dennoch, dass es etwas Wichtiges aufzeigt. Eben diese Veränderungen der Zeit vor – nun ja, vor was? – vor der Veränderung von Sozialgesetzen, vor dem Durchbruch der Elektronik und dem darauffolgenden Siegeszug des Digitalen. Die Leser dieses Buches, sollten sie mindestens einen Teil der Achtziger bereits bewusst erlebt haben, wissen genau, was ich meine.

Österreich gibt sich selbstbewusst und international: Werbung auf einer Streichholzschachtel

Und so dient es zwar durchaus auch als augenzwinkerndes Erinnerungsalbum an eine von vielen Menschen geteilte Vergangenheit, es ist voll von Erinnerungsflashs, die Neuronen zum Aufblitzen bringen, die schon lange nicht mehr gezündet haben, sei es durch das Name-Dropping oder die Fotos … Aber es ist durchaus auch ein ernst gemeinter historischer Rückblick auf eine große Veränderung, auf ein Davor und ein Danach.

Aber um hier nicht mit großen (pseudo-)philosophischen Gedanken und Worten zu enden, noch ein Blick auf eine Persönlichkeit, die für mich die Zeit um 1980 so prototypisch zusammenfasst wie Falco, Kreisky oder Muhammad Ali. Die Rede ist von Dagmar „Dagi" Koller, die ebenfalls in der einen oder anderen Titelüberlegung für dieses Buch vorkam, siehe oben. Jetzt ist auf den ersten Blick an Frau Koller gar nicht so viel Außergewöhnliches. Ja, sie hat eine glanzvolle Karriere als Tänzerin, Operettensängerin, Musicaldarstellerin und Schauspielerin hingelegt, aber das haben andere auch. Gleichzeitig war sie mit einem der bedeutendsten Wiener Bürgermeister, nämlich Helmut Zilk, verheiratet. Gut, das waren schon weniger. Aber darüber hinaus war sie damals scheinbar einfach immer und überall, semper ubique. Sie spielte, wurde darüber interviewt, dass sie spielte, sie interviewte selber, war Teil des „Seitenblicke"-Jet-Sets mit Tendenz zur Lachnummer. Wahrscheinlich auch deshalb, weil sie zum einen einen unglaublich sympathischen (kärtnerischen) Charme ausströmte, dem sich kaum jemand entziehen konnte, und zum anderen, weil sie, mit Verlaub, nicht in der Lage war, jemals auch nur einen einzigen geraden Satz einigermaßen unfallfrei zu Ende zu bringen. Wer sich davon überzeugen möchte, kann sich auf YouTube die damals durch die ORF-Techniker illegal mitgeschnittenen und unter der Hand verbreitete Sendung „Wurlitzer" ansehen, die sie, nun, sagen wir: moderierte. Das war zwar schon 1991, aber man kann diesen Auftritt getrost als krönenden Höhepunkt des Gesamtkunstwerks Dagmar Koller ansehen. Das Bootleg wurde sofort fleißig auf VHS weiterkopiert, und es kam zu richtigen Viewing Partys. So unfassbar ist dieses Filmdokument, in dem die Künstlerin sympathisch, aber alles andere als souverän von einer (leichten) zur anderen (leichten) Aufgabe stolpert – und an allen scheitert. Wer dieser Beschreibung nicht glauben möchte: Das Video findet man unter dem Titel: „Dagmar Koller moderiert den ORF-‚Wurlitzer'".

Viel Vergnügen!

* * *

Gewidmet Nicole und Jochen,
zwei Kinder der Siebzigerjahre auf ihrem Weg in die gemeinsame Zukunft.

Dagmar Koller war allgegenwärtig – wie hier in der Show „Dalli-Dalli".

Bildnachweis:

akg-images: 11 (Erich Lessing), 14 (viennaslide/Harald A. Jahn), 25 (János Kalmár), 40 (Science Source), 52 (viennaslide/Harald A. Jahn), 61 (brandstaetter images/Votava), 66 (brandstaetter images/Votava), 67 u. (brandstaetter images/Votava), 81 (Album/Kodansha/Polyscope Bv), 90 (Album), 91 o. (Album/Zanuck/Universal Pictures), 115 (Interfoto/TV-Yesterday), 117 (Interfoto), 118 (picture-alliance/dpa Themendienst), 120 (Interfoto), 131 (Interfoto/TV-Yesterday), 135 u. (Interfoto/TV-Yesterday), 138 (Interfoto/TV-Yesterday), 144 (Album/20th Century Fox), 165 u. (TT News Agency/Expressen) – **Archiv Harald Havas**: Titelseite u. r., 2, 10, 13 u., 15, 22, 23 u., 26, 27 u., 28, 29 o., 29 u., 30, 31, 34 ,35 o., 35 u., 37, 41 o., 41 u., 42, 43 u., 50, 53 o., 54, 55, 57 u., 100, 105 u., 107 u., 108, 112, 113 o., 122, 124, 125 o., 125 u. 130, 146, 149 o., 149 u., 150, 151 o., 152, 155 o., 172, 173 u., 175 o. – **picture-alliance**: Titelseite o. (United Archives/Walter Rudolph), Titelseite u. l. (dpa/Wolfgang Eilmes), Titelseite u. M. (United Archives/Frank Hempel), 8 (United Archives/Walter Rudolph), 9 o. (JOKER/Gudrun Petersen), 9 u. (dpa/apa), 12 (brandstaetter images/Votava), 13 o. (brandstaetter images/Votava), 15 u. (Kluger Hubert/Kurier), 16 (brandstaetter images/Votava), 17 o. (Istvan Baizat), 17 u. (Robert Jäger/APA-Archiv/picturedesk.com), 18 (brandstaetter images/Votava), 19 (dpa/Votava), 23 o. (Klaus Rose), 24 (United Archives/kpa), 27 o. (Timeline Images/Jürgen Wagner), 31 u. (Fryderyk Gabowicz), 36 (Klaus Titzer/APA-Archiv/picturedesk.com), 38 (brandstaetter images/Votava), 39 o. (brandstaetter images/Votava), 39 u. (brandstaetter images/Votava), 43 o. (Bildagentur-online/McP-SHU), 44 (brandstaetter images/Barbara Pflaum), 45 (brandstaetter images/Votava), 51 (brandstaetter images/Votava), 53 u. (United Archives/Fryderyk Gabowicz), 56 (brandstaetter images/Votava), 57 o. (United Archives/Siegfried Pilz), 60 (Rzepka-Pressefoto/Norbert Rzepka), 61 u. (TopFoto), 62 (dpa/Votava), 63 (dpa iopp), 64 (Photoshot), 65 o. (dpa/Eva von Maydell), 65 u. (dpa/Rauchwetter), 67 o. (KUNZ/Augenklick), 70 (dpa/Kolmikow), 71 o. (brandstaetter images/Votava), 71 u. (brandstaetter images/Barbara Pflaum), 72 (brandstaetter images/Votava), 73 (brandstaetter images/Votava), 74 (Votava), 75 (dpa/Votava), 78 (brandstaetter images/Votava/Christian Hlavac), 79 o. (First Look/picturedesk.com), 79 u. (dpa/Ipol 1188 ARC), 80 (First Look/picturedesk.com), 82 (United Archives/kpa), 83 o. (Horst Ossinger), 83 u. (United Archives/kpa), 84 (United Archives/kpa), 85 o. (United Archives/kpa), 85 u. (brandstaetter images/Votava), 86 (First Look/picturedesk.com), 87 o. (dpa), 87 u. (United Archives/TBM), 88 (brandstaetter images/Votava), 89 (United Archives/Impress), 91 u. (United Archives/Impress), 92 (United Archives/Publicity Still), 93 (First Look/picturedesk.com), 94 (brandstaetter images/Archiv Hajek/Leo-Heinz Hajek), 95 o. (United Archives/kpa), 95 u. (United Archives/kpa), 98 (Elena/Shotshop), 99 o. (dpa/Hennigsen), 99 u. (dpa/Christian Charisius), 102 (Fryderyk Gabowicz), 103 o. (Keystone/Röhnert), 103 u. (United Archives/kpa/Grimm), 104 (United Archives/Impress), 105 o. (Sven Simon), 106 (United Archives/Werner Otto), 116 (brandstaetter images/Votava), 119 o. (dpa/Jörg Carstensen), 119 u. (brandstaetter images/Votava), 129 o. (dpa/Alfred Hennig), 129 u. (www.allover.cc/VSL), 132 (dpa/Heinz Wieseler), 134 (dpa/Konrad Giehr), 136 (Mary Evans Picture Library), 137 u. (brandstaetter images/Votava), 142 (United Archives/Werner Otto), 143 o. (fotoAKL/Shotshop), 143 u. (ullstein bild), 145 (brandstaetter images/Votava), 147 o. (United Archives/kpa Publicity), 147 u. (ullstein bild/Blick), 148 (Keystone), 151 u. (United Archives/Frank Hempel), 153 (Keystone/Röhnert), 154 (brandstaetter images/Votava), 155 u. (Horst Galuschka), 158 (United Archives/Arthur Grimm), 159 o. (United Archives/kpa/Grimm), 159 u. (ullstein bild/ARTCO-Berlin), 160 (United Archives/kpa), 161 (Glasshouse Images), 162 (dpa/Georg Göbel), 163 o. (AP/Ron Frehm), 163 u. (Fryderyk Gabowicz), 164 (Fryderyk Gabowicz), 165 o. (DALLE APRF/© Govert de Roos/Connu.nl), 166 (brandstaetter images/Votava), 167 o. (United Archives/Heinz Browers), 167 u. (brandstaetter images/Nora Schuster), 168 (brandstaetter images/Votava), 169 (ORF/First Look/picturedesk.com), 170 (dpa), 171 o. (brandstaetter images/Votava), 171 u. (dpa/Martina Hellmann), 173 o. (brandstaetter images/Votava), 174 (brandstaetter images/Votava), 175 u. (United Archives/kpa) , hintere Umschlagseite l. (dpa/Votava), hintere Umschlagseite r. (brandstaetter images/Votava) – **Privat**: 6, 20, 32, 46, 58, 68, 76, 110, 126, 140, 156 – **Götz Schrage**: 96 – **Telekom Austria TA AG**: APA-OTS/Katzinger) – **Wikimedia Commons**: 48 (Famartin), 49 o. (4028mdk09), 49 u. (FakirNL), 101 (Simone Acquaroli), 107 o. (Handige Harrie), 109 (FaceMePLS), 113 u. (Ramona Trusheim), 114 (Elekes Andor), 117 u. (Wolfgang Stief), 121 o. (Evan Amos), 121 u. (MKFI), 123 (ccwoodcock), 128 (Peter Milosevic), 133 u. (Hinnerk11), 135 o. (Norbert Schnitzler), 137 o. (Thomas Conté), 139 o. (Levin Holtkamp), 139 u. (Pauli Rautakorpi), hintere Umschlagseite M. (Elekes Andor)

Impressum

Gestaltung und Satz: Mario Zierke, Berlin
Printed in Slovenia
ISBN 978-3-96201-115-4
www.elsengold.de | www.wasmitgeschichte.de